MEDIEVAL

POESÍA MEDIEVAL

Edición preparada por
Carlos Gumpert Melgosa

MADRID • BUENOS AIRES • CARACAS • GUATEMALA • LISBOA • MÉXICO
NUEVA YORK • PANAMÁ • SAN JUAN • SANTAFÉ DE BOGOTÁ • SANTIAGO • SÃO PAULO
AUCKLAND • HAMBURGO • LONDRES • MILÁN • MONTREAL • NUEVA DELHI
PARÍS • SAN FRANCISCO • SIDNEY • SINGAPUR • ST. LOUIS • TOKIO • TORONTO

POESÍA MEDIEVAL

No está permitida la reproducción total o parcial de este libro, ni su tratamiento informático, ni la transmisión de ninguna forma o por cualquier medio, ya sea electrónico, mecánico, por fotocopia, por registro u otros métodos, sin el permiso previo y por escrito de los titulares del Copyright.

DERECHOS RESERVADOS © 1996, respecto a la primera edición en español, por McGRAW-HILL/INTERAMERICANA DE ESPAÑA, S. A.
Edificio Valrealty, 1.ª planta
Basauri, 17
28023 Aravaca (Madrid)

ISBN: 84-481-0668-7
Depósito legal: M. 29.497-1996

Editor: José M. Gómez-Luque
Coordinadores literarios: Javier Azpeitia y Gerardo Gonzalo
Diseño de interiores y cubierta: Estudio F. Piñuela
Compuesto en MonoComp, S. A.
Impreso en COBRA, S. L.

IMPRESO EN ESPAÑA - PRINTED IN SPAIN

SUMARIO

INTRODUCCIÓN 7

La poesía medieval en su tiempo 7
Escribir en la Edad Media 14
Los poetas medievales españoles: juglares, clérigos y nobles 24
La poesía medieval y sus variedades 31
Para leer más 45
Antes de empezar 48

POESÍA MEDIEVAL 51

  I. Poesía épica 53
     I.1. *Poema del Mío Cid* 54
  II. Poesía popular y tradicional 64
     II.1. Jarchas 65
     II.2. Villancicos 68
     II.3. Romancero 80
  III. Poesía clerical (s. XIII y XIV): cuaderna vía 94
     III.1. *Libro de Alexandre* 96
     III.2. Gonzalo de Berceo: *Milagros de Nuestra Señora* 105
     III.3. *Libro de Apolonio* 115
     III.4. Juan Ruiz: *Libro de Buen Amor* . 120
     III.5. Pero López de Ayala: *Rimado de Palacio* 133

IV. Poesía clerical (s. XIII y XIV): otros metros 141
    IV.1. *Razón de amor* 143
    IV.2. *Elena y María* 149
    IV.3. *Libro de la infancia y muerte de Jesús* 155
    IV.4. *Vida de Santa María Egipcíaca* .. 166
    IV.5. *¡Ay, Jerusalén!* 170
    IV.6. Sem Tob de Carrión: *Proverbios morales* 174

V. Poesía cancioneril y cortesana (siglo XV) 178
    V.1. Poesía de cancioneros 180
    V.2. Marqués de Santillana 189
    V.3. Juan de Mena: *Laberinto de Fortuna* 197
    V.4. Jorge Manrique: *Coplas a la muerte de su padre* 203
    V.5. *Danza General de la Muerte* 223

APÉNDICE

Texto comentado 229
Propuestas de comentario 235
Temas para el debate 242
Lecturas complementarias 245

INTRODUCCIÓN

LA POESÍA MEDIEVAL EN SU TIEMPO

EL amplísimo período histórico que a partir del siglo XVI empezó a denominarse Edad Media abarca desde principios del siglo V, cuando se produce la caída del Imperio romano a consecuencia de las invasiones de los pueblos bárbaros centroeuropeos, hasta el descubrimiento de América en 1492, que da lugar al Renacimiento; es decir, casi diez siglos, en los que, como es fácil suponer, se acumulan gran cantidad de hechos históricos. A nosotros, en realidad, sólo nos atañen directamente los últimos tres o cuatro siglos, pues fue en ellos cuando se desarrolló la poesía medieval española que nos disponemos a leer. Además, como veremos, la península Ibérica presenta una serie de rasgos que la diferencian del resto de Europa. Sin embargo, para entender adecuadamente el contexto histórico, social y cultural en el que surgió dicha poesía, no nos queda más remedio que recordar algunas características generales de toda la época medieval, para pasar después a centrarnos en España y en los siglos que más nos interesan.

La Edad Media suele dividirse en tres etapas. Durante la primera, de transición (siglos V-VIII), asistimos al derrumbe de toda la antigua civilización y cultura del Imperio romano y a la división del Occidente europeo en los distintos reinos que crearon los pueblos bárbaros, a los que hay que añadir los Estados

Pontificios, es decir, los territorios del Papa de Roma, que dominaba como otro rey más una gran parte del centro de Italia.

La alta Edad Media

Durante toda la alta Edad Media (siglos VIII-XII) hubo varios intentos de conseguir de nuevo la unidad que Europa occidental había alcanzado con los romanos. El más importante fue el de Carlomagno, el gran rey de los francos, que logró instaurar un gran imperio que, sin embargo, desapareció a su muerte. La falta de un poder político fuerte hacía que dominara una gran inestabilidad. Por un lado, los reinos europeos sufrieron constantes ataques de numerosos pueblos: los vikingos y normandos del norte, los tártaros y mongoles de Asia, los árabes y los turcos al sur del Mediterráneo. Por otro lado, en el interior la nota dominante era la inseguridad: los nobles mantenían entre sí constantes luchas, y en los caminos abundaban los bandidos y malhechores.

A ello hay que añadir que se trataba de una sociedad casi exclusivamente rural. Las ciudades del Imperio romano fueron abandonadas y la población se refugió en los campos. El aislamiento entre las distintas zonas era casi total. Se creó una economía agraria de subsistencia, en la que se producía exclusivamente para el autoconsumo. El comercio desapareció ante la inseguridad de los caminos, y con él la moneda. Los períodos de hambre y de escasez eran frecuentes, como es lógico.

El feudalismo

Ante tal situación, todos recurrían a la protección de quien era más fuerte. De esta forma se creó el típico modo de organización social del medievo, el feudalismo: los campesinos se hacían vasallos de un noble, a quien, a cambio de su protección, tenían que entregar parte de sus cosechas, así como prestarle otros servicios. Alrededor de los castillos donde vivían los nobles con sus soldados fueron surgiendo las aldeas de sus siervos. Por su parte, los nobles se hacían vasallos de otros nobles más poderosos, quienes a su vez lo eran del rey. De esta manera quedó establecida la sociedad medieval en tres grupos, cada uno con su función correspondiente: una inmensa masa de *campesinos* que alimentan con su trabajo a los *nobles,* que se ocupan de la guerra, y a los *clérigos,* encargados de la religión. Entre estos dos grupos minoritarios que dominan la pirámide social no será rara la rivalidad, como podremos apreciar en el *Debate de Elena y María* (IV.2).

Gracias a esta organización socioeconómica, el Occidente europeo se va consolidando, y ya en el siglo XI se siente con fuerzas para emprender una ofensiva contra el poder musulmán. Se trata de las Cruzadas, una serie de expediciones militares internacionales que se prolongarían hasta el siglo XIII con el objetivo de conquistar Jerusalén, sometida entonces a los turcos (véase *¡Ay, Jerusalén!*, IV.5). Aunque no lo consiguieran, sí contribuyeron a la reactivación del comercio.

La baja Edad Media

Las cosas, en efecto, estaban cambiando mucho. La baja Edad Media (siglos XIII-XV) fue, en efecto, una época de grandes novedades que nos llevarán hasta el siguiente período histórico. Gracias a una serie de avances técnicos se consiguió aumentar la producción agraria, lo que provocó un crecimiento de la población y que se reanudara el comercio entre las distintas comarcas. Poco a poco empezaron a resurgir las ciudades como espacio más adecuado para el comercio y la artesanía, y con ellas apareció un nuevo grupo social, la burguesía, que quedaba fuera del esquema feudal que había dominado hasta entonces.

Esta alentadora situación, sin embargo, se vio ensombrecida en el siglo XIV por la guerra de los Cien Años, que se prolongaría hasta la centuria siguiente, así como por la devastadora peste negra, que provocó la muerte de una cuarta parte de la población europea. Los dos últimos siglos medievales se caracterizaron además por una gran inestabilidad social. La nobleza, que había adquirido gran poder político y económico, se enfrentaba por un lado a los campesinos a los que oprimía, que protagonizaron constantes rebeliones, y por otro a la mayoría de las monarquías europeas, que se esforzaban por someterla a su autoridad y crear estados fuertes y modernos. Cuando lo consigan, a finales del siglo XV, surgirá en el horizonte una época distinta, ya anunciada por la nueva cultura renacentista que estaba naciendo en las ciudades de Italia.

España, eslabón entre la Cristiandad y el Islam

Aunque compartiera en gran medida con el resto de Europa la organización económica y social que acabamos de ver, la península Ibérica ofrece algunas características especiales durante la Edad Media, como ya hemos anticipado. En el período de transición no se distinguió del resto de Occidente: un pueblo de invasores bárbaros, los visigodos, crearon un reino en la antigua Hispania romana, como los francos se habían establecido en la Galia o los ostrogodos en Italia. La alta Edad Media, sin embargo, se abrió con un hecho histórico peculiar: en el año 711, los ejércitos del Islam, que habían conquistado el norte de África durante los siglos anteriores, cruzan el estrecho y, tras derrotar a los visigodos, se hacen los dueños de casi toda la Península, en la que permanecerán durante toda la Edad Media.

La época medieval española será pues la historia del enfrentamiento, pero también de la convivencia, entre la población islámica y la cristiana. Como veremos a continuación, los esfuerzos cristianos de expansión territorial se concentraron en ciertos siglos, de modo que, en realidad, fueron más las épocas de convivencia, más o menos pacífica, entre ambas civilizaciones, que los períodos de guerra.

La hegemonía de Al-Ándalus

Después de completar su ocupación en el siglo VIII, los árabes no mostraron especial interés por dominar la franja norte de la Península y se retiraron en seguida al sur de la línea del río Duero, lo que permitió que surgieran núcleos de población hispano-visigótica que con el tiempo darían lugar a los distintos reinos cristianos. Recordemos que la unidad política de España no se alcanzará hasta finales del siglo XV, con los Reyes Católicos, por lo que, durante toda la Edad Media, la zona de dominio cristiana estuvo dividida en varios reinos, aunque acabaran predominando la corona de Castilla, que absorbió los reinos de León y Galicia, y la de Aragón, tras unirse con Cataluña.

Durante los primeros tres siglos de la alta Edad Media (VIII-X), la hegemonía por parte de la poderosa Al-Ándalus (como los árabes denominaban a sus dominios hispánicos) sobre sus vecinos del norte fue indiscutible. Mientras éstos compartían con el resto de la Europa cristiana la penuria y atraso cultural y económico, en la mucho más avanzada civilización de la España musulmana se fundaban hermosas ciudades que comerciaban con todo el imperio islámico, a la vez que se desarrollaba notablemente la agricultura y florecían la cultura y la ciencia.

La recuperación de los reinos cristianos

A partir del siglo XI, sin embargo, la situación cambió de signo, pues, mientras los reinos cristianos se iban consolidando, el califato de Córdoba se dividió en numerosos reinos, llamados *taifas*, que, aunque conservaron un gran poderío económico y cultural, eran mucho más débiles desde el punto de vista político y militar. Gracias a ello, los reyes cristianos lograron durante el siglo XI ampliar sus territorios hasta la línea del Tajo, empujando a los árabes hacia el sur. Un noble burgalés que pasaría en seguida a la leyenda, Rodrigo Díaz de Vivar, llamado el Cid Campeador, logró incluso conquistar con sus vasallos el reino de Valencia. Durante el siglo XII, sin embargo, la situación se hizo más equilibrada debido a la llegada de nuevos pueblos árabes, los almorávides y los almohades, que detuvieron el avance cristiano.

La baja Edad Media se inaugura con un siglo, el XIII, de claro signo cristiano. El rey de Castilla, Fernando III, y el de Aragón, Jaime I, reducen los dominios islámicos en la Península al reino de Granada, que no desaparecerá hasta finales del medievo, al ser conquistado por los Reyes Católicos.

La organización de la sociedad hispana medieval es semejante a la del resto de Europa, aunque el feudalismo fuera algo menos importante, debido al mayor número de hombres libres que se beneficiaron del reparto de tierras, puesto que los reyes se esforzaban en repoblar las zonas que iban siendo conquistadas por los ejércitos. Por otro lado, y del mismo modo que en territorio musulmán vivían núcleos de cristianos, denominados *mozárabes,* los reinos cristianos acogieron a numerosos musulmanes, llamados *mudéjares* o *moriscos.* A ellos hay que añadir los grupos de judíos distribuidos por toda la Península. En general, puede decirse que predominó la tolerancia religiosa, aunque no faltaran períodos de represión.

El resto de la baja Edad Media presenta las mismas características señaladas para Europa: reactivación económica y auge de las ciudades en el siglo XIII frente a crisis en los siglos XIV y XV, provocada por la peste, las rebeliones campesinas y las luchas entre la nobleza y las monarquías, a lo que hay que añadir las sucesivas guerras civiles que sacudieron el reino de Castilla. El matrimonio entre Isabel de Castilla y Fernando de Aragón significará no sólo el triunfo de la monarquía y la unidad de España, sino también el comienzo de la Edad Moderna en nuestra Península.

ESCRIBIR EN LA EDAD MEDIA

La cultura medieval

Si hasta ahora nos hemos centrado sobre todo en nobles y campesinos, no podemos olvidar la importancia del tercer grupo social del medievo, el clero. Y ello no sólo por sus funciones espirituales (puesto que la fe religiosa, aunque mezclada con la superstición y en ocasiones con la herejía, constituye un elemento básico de la vida medieval, como tendremos ocasión de ver), sino también porque en sus manos recayó la supervivencia de la cultura. Durante los primeros siglos de la Edad Media, en efecto, la difícil situación general resultaba muy poco propicia, como es fácil imaginar, para cualquier actividad cultural. La gran mayoría de la población era completamente analfabeta, y esto incluye no sólo a las masas campesinas sino también a la propia nobleza. Buena muestra de ello es que el emperador Carlomagno, gran protector de las artes y las letras por otro lado, no supo nunca leer ni escribir. Sólo mucho más adelante se hará habitual que los nobles se interesen por la cultura. Durante muchos siglos, ésta quedó restringida exclusivamente al clero.

La tarea del clero comenzó en el caos que siguió a la caída del Imperio Romano, en el que tantas cosas desaparecieron. La cultura de la antigüedad se pudo salvar, al menos en parte, gracias a la labor de los monjes, que se dedicaron a la pesada tarea de copiar a mano en sus monasterios los manuscritos que recogían la ciencia y la literatura latinas. Después, de generación en generación, los monjes transmitieron esta herencia en espera de tiempos mejores. Éstos no llegarían hasta el siglo XI, cuando la estabilización de las condiciones políticas y económicas permitió que la cultura pudiera extenderse más allá de los recintos de los monasterios.

La primera señal es el florecimiento en los siglos XI y XII del arte románico, el primer estilo artístico común a toda Europa, lo que nos indica a las claras que el aislamiento característico de los primeros siglos ha finalizado para entonces, aunque los gruesos muros de los edificios de la arquitectura románica nos recuerden que la época de inseguridad no ha terminado del todo.

La eclosión cultural continúa en la baja Edad Media. En el siglo XIII aparecen las universidades, que sustituirán a las escuelas de los monasterios como centros de enseñanza, y se empiezan a construir las grandes catedrales góticas, con las que las renacidas ciudades querrán demostrar su pujanza. Además, en los castillos de los reyes, pero también en los de los poderosos nobles de finales de la Edad Media, empezarán a ser bien acogidos los escritores. Y es que no hay que olvidar que, si bien la lengua de la cultura de la Iglesia seguía siendo el latín, de éste habían ido naciendo por evolución del habla cotidiana un puñado de nuevas lenguas, que generan su propia literatura, al principio tímidamente, pero luego con impulso imparable.

La mezcla de culturas en la España medieval

Centrándonos en la Península, otra vez hay que hablar de rasgos peculiares, puesto que si bien la cultura de los núcleos cristianos durante los primeros siglos fue tan pobre o más que la del resto de Europa, en la España islámica, como ya hemos apuntado, floreció en cambio una extraordinaria civilización, cuyos maravillosos palacios y monumentos, como la mezquita de Córdoba, por no citar más que un ejemplo, eran el asombro de la época. Si la universidad de Córdoba cobraba fama por sus enseñanzas de medicina, astronomía y matemáticas, en toda Al-Ándalus abundaban los poetas y músicos, a cuya sensibilidad se debe, como veremos, el conocimiento de las *jarchas*.

Con el nuevo milenio y a medida que los nuevos reinos surgidos en el norte iban consolidándose, comenzó también la andadura de la cultura cristiana. Gracias sobre todo al camino de Santiago, la ruta que conducía a la ciudad gallega de Compostela a gran número de peregrinos europeos que acudían a venerar los restos del apóstol Santiago, supuestamente enterrados allí, llegarán a la Península durante toda la Edad Media las nuevas corrientes artísticas y literarias, como, por ejemplo, el arte románico. El camino, de todas formas, tendrá dos direcciones, porque los peregrinos transmitirán a su vez al resto de Europa las grandes aportaciones que se derivarán de la coexistencia de varias culturas en nuestro suelo.

En efecto, los contactos y mutua influencia entre las civilizaciones árabe y cristiana fueron constantes durante los numerosos períodos de paz, como ya se ha señalado. Su manifestación más valiosa fue la Escuela de Traductores de Toledo, un centro cultural promovido por los reyes castellanos en el que a partir del siglo XII se reunieron sabios cristianos, musulmanes y judíos para intercambiar conocimientos y traducir al latín las principales obras árabes. De este modo pudo recuperar Occidente, entre otras cosas, la ciencia y filosofía griegas, que se habían perdido con el fin del Imperio Romano.

La labor de la Escuela fue continuada en el siglo XIII por el rey Alfonso X el Sabio, incansable promotor de equipos de trabajo intelectual que producen obras científicas, jurídicas e históricas, pero esta vez escritas en castellano, con lo que el rey se convierte en el auténtico padre de la prosa en nuestra lengua. De esta forma, el castellano, que se había impuesto sobre las restantes lenguas que habían surgido del latín (leonés, aragonés, etc.) y contaba ya, como veremos, con una cierta literatura en verso, puede rivalizar con las literaturas gallego-portuguesa y catalana. Pero en el siglo XIII hay que reseñar otros grandes hechos culturales, como la fundación de las primeras universidades españolas en Palencia y Salamanca o el inicio de la construcción de las catedrales góticas de Burgos, Toledo y León.

La poesía medieval y su público

Cuando pensamos en la difusión de una obra literaria, imaginamos por lo general un proceso que parte de un autor que la escribe, pasa por su edición y acaba en un público. En el caso de la poesía y, en general, de la literatura medieval, sin embargo, hay que tener en cuenta que dicho proceso es radicalmente distinto. La barrera que lo separa y distingue lleva la fecha de 1440, cuando el alemán Gutenberg inventó la imprenta y con ella el libro moderno. Durante casi toda la Edad Media, pues, la transmisión de las obras tuvo que hacerse de forma manuscrita u oral, lo que dificultaba enormemente su difusión.

Ello afecta también a nuestro conocimiento de toda la literatura medieval, que está muy lejos de ser completo. Hay que pensar que mientras en épocas posteriores la imprenta facilitará la supervivencia de los libros, en el período que nos ocupa será muchas veces la suerte la que condicionará las obras que han llegado hasta nosotros. Por citar un ejemplo, se ha conservado un fragmento del poema épico perdido *Roncesvalles* gracias a que se utilizó una hoja del mismo para encuadernar otro libro. Es verdad que en general las obras de éxito se copiaban muchas veces y tenían más posibilidades de salvarse, como en el caso del *Libro de Buen Amor,* del que nos quedan tres manuscritos diferentes; pero no siempre es así. Sabemos, por ejemplo, que hubo numerosos poemas épicos y que fueron muy populares, pero sólo se conservan dos de ellos. La lista de las obras de la literatura medieval de las que se tienen noticias pero que se han perdido es realmente amplia. Además, las obras conservadas se conocen gracias a copias, que muchas veces lo son de otras copias, porque no se ha encontrado ninguna redacción original, con todos los problemas que eso supone de posibles cambios, de errores del manuscrito, de versiones incompletas, etc.

Centrándonos, pues, en la poesía medieval que ha llegado hasta nuestros días, vamos a comenzar por distinguir sus diferentes modalidades, porque cada una de ellas presenta distintos planteamientos de la relación autor-obra-libro. En primer lugar hay que separar la poesía tradicional de la poesía culta.

La poesía tradicional

Por poesía tradicional, que en esta antología recogemos en los apartados I y II, se entiende la que durante toda la Edad Media surge en el pueblo y a él mismo está destinada. Es la modalidad más antigua y la que más perdura. Dentro de este grupo, hay que distinguir a su vez entre poemas líricos y épicos. Los primeros son composiciones de pocos versos que, al igual que la poesía lírica de cualquier época, expresan sentimientos o estados de ánimo. Nacen anónimamente y se transmiten de boca en boca y de generación en generación, pasando así a formar parte de la tradición popular, al igual que los bailes, fiestas o refranes. Naturalmente, las mejores composiciones eran las que más posibilidades tenían de sobrevivir, precisamente por gustar más a la gente. Dado que se trataba de una manifestación de cultura popular que no se recogía por escrito, lo más probable habría sido que los poemas no hubieran llegado hasta nosotros, pero por fortuna a partir del siglo XV hubo poetas cultos a quienes les gustaron y que empezaron a incluirlos en los «cancioneros» de los que hablaremos más adelante. Además, los judíos, que fueron expulsados de España en 1492 y mantuvieron vivo el castellano en el exilio, han seguido cantando y recitando algunas de estas composiciones hasta nuestros días.

Los poemas épicos, por su parte, llamados también «cantares de gesta», son obras más amplias que relataban la vida y hazañas de los héroes guerreros de la época, como el Cid Campeador o el conde Fernán González. Eran compuestos y difundidos por los juglares, unos artistas ambulantes que se ganaban la vida de pueblo en pueblo haciendo juegos malabares y recitando de memoria en plazas y castillos este tipo de poemas, o bien algunos episodios sueltos de los mismos que gustaban especialmente al público. Cada juglar, como un cantante de hoy en día, tenía su repertorio, que iba renovando según los gustos del auditorio. Estas recitaciones juglarescas gustaban tanto a nobles como a campesinos, para quienes, en medio de las grandes dificultades de la vida cotidiana de entonces, constituían probablemente los únicos ratos de diversión, por lo que no es de extrañar que fueran tan populares. Sin embargo, la mayoría de estos poemas épicos se ha perdido.

Mejor suerte tuvieron, por el contrario, los romances, composiciones más cortas basadas en esos fragmentos sueltos de los grandes poemas épicos que se independizaban porque, a fuerza de pedir a los juglares que se los repitieran, el pueblo acababa por aprendérselos de memoria. De esta forma pasaron a formar parte de la tradición popular y a transmitirse oralmente, como las poesías líricas, y como ellas fueron recogidos a partir del siglo XVI y publicados en libros muy populares también, en época renacentista y barroca.

La poesía culta

La poesía culta, por su parte, puede definirse como la producida por autores con formación y conocimientos de la cultura escrita, que elaboraban obras más cuidadas en su forma y en su contenido. En ella englobamos tanto al llamado «mester de clerecía» de los siglos XIII y XIV, como a los poetas del siglo XV, todos ellos incluidos en los apartados III, IV y V de la antología. Los autores del mester de clerecía eran, como su nombre indica, «clérigos», palabra que en época medieval significaba personas cultas, aunque, como la gran mayoría de ellos eran sacerdotes y monjes, acabó por significar, como hoy, miembros de la Iglesia. Estos clérigos componían largos poemas que pretendían transmitir enseñanzas al público, al mismo tiempo que divertirle. Como para esa época el pueblo había dejado de entender el latín, hay que situar a estos autores dentro de un esfuerzo de la Iglesia por hacer más accesibles a todos las vidas de los santos y la literatura religiosa. Algunas de estas obras están efectivamente escritas con sencillez, como las de Berceo, para intentar llegar a un público muy amplio, ante el que se leía o se recitaba; pero otras, en cambio, son más densas de contenido y parece difícil creer que un público sin formación pudiera interesarse por ellas; parece más razonable pensar, pues, en lecturas privadas o en pequeños grupos.

Además del mester de clerecía hay que incluir en este apartado de la poesía culta a los poetas cortesanos del siglo XV. Desde que el rey Alfonso X comenzó a rodearse de sabios en el círculo de personas que le acompañaban, al que se denomina «corte», empezó a ser normal que tanto reyes como nobles gustaran de la compañía de poetas y hombres de cultura. Sin embargo, para la poesía lírica que se escribía en estos círculos cultos se prefería utilizar en un principio el idioma gallego, como hizo el propio Alfonso X, ya que tenía, al igual que el catalán, mayor tradición en este sentido, debido a la influencia de los trovadores del sur de Francia. Éstos eran una especie de juglares cultos que extendieron por Europa un estilo, denominado «amor cortés», que aplicaba al amor los conceptos típicos del feudalismo. Así, la dama amada era el *señor,* al que el amante, su *vasallo,* debía obedecer y casi adorar. Era un tipo de poesía lírica bastante más compleja que la popular, con un estilo a veces muy rebuscado. Su público era el cortesano, las damas y caballeros de la nobleza que poseían una cierta cultura y podían comprenderla. En castellano, aunque exista algún ejemplo anterior, como la *Razón de Amor,* no empezó a practicarse hasta finales del siglo XIV; pero fue sobre todo en el siglo XV cuando se generalizó la práctica de este tipo de poesía en las cortes de nobles y reyes, tanto que empezaron a reunirse colecciones de poemas de varios autores, llamados «cancioneros» (en los que como hemos visto se incluían también algunos ejemplos de poesía popular). Hay que tener en cuenta que a este siglo se le ha llamado también la época del prerrenacimiento, es decir, que, por influjo de la cultura italiana, da sus primeros pasos ese respeto por la cultura, el arte y la literatura que será típico del siglo siguiente. Así no nos puede extrañar que entre los grandes poetas del momento haya no sólo nobles que compaginan la política o la guerra con la cultura, como Manrique o el marqués de Santillana, sino también puros hombres de letras, como Mena.

Otros géneros de la literatura medieval

Aunque la poesía sea la modalidad literaria más cultivada en la Edad Media, no quiere decir ello que no se practicaran otros géneros. Ya hemos apuntado que la prosa castellana se inicia con la gran labor de Alfonso X en el siglo XIII, y desde entonces no se dejarán de componer obras en prosa de tema científico, moral o religioso. Especial importancia adquirieron las crónicas históricas, con la peculiaridad de que muchas de ellas incluyen prosificaciones de los antiguos cantares épicos perdidos, lo que nos permite conocer su contenido y a veces hasta hacernos una idea bastante aproximada de su forma. La prosa de ficción, por su parte, comienza con recopilaciones de cuentos, la mayoría de tradición árabe, y se consagra en el siglo XIV con Don Juan Manuel, autor de *El Conde Lucanor,* uno de los mejores libros de cuentos de toda la literatura española. En el siglo XV se escribirán también novelas, bien de tipo sentimental, como la *Cárcel de amor* de Diego de San Pedro, o de caballerías, como *El caballero Zifar* o el primer *Amadís de Gaula.*

El teatro medieval comenzó pronto en el ámbito de la Iglesia, con la misma finalidad que animaba los grandes poemas de clerecía y la pintura de las iglesias: la difusión entre el pueblo analfabeto de las doctrinas de la religión. Conservamos un primitivo texto teatral del siglo XII, el *Auto de los Reyes Magos,* pero después tenemos que pasar al siglo XV, con las obras, ya prerrenacentistas, de Juan del Encina y Lucas Fernández, pero, sobre todo, con esa joya de nuestras letras que es *La Celestina* de Fernando de Rojas.

LOS POETAS MEDIEVALES ESPAÑOLES: JUGLARES, CLÉRIGOS Y NOBLES

Autoría y anonimia

Como se puede comprobar, gran parte de las poesías que se incluyen en esta antología aparecen sin nombre de autor. En la literatura medieval, en efecto, era corriente que las obras fueran anónimas. Hay que tener en cuenta que las ideas actuales acerca de la originalidad del artista, la propiedad intelectual y los derechos de autor, etc., son relativamente modernas. En la Edad Media eran conceptos desconocidos, y la obra literaria se consideraba algo que pertenecía a todos y que todos podían hacer suyo. A pocos creadores de entonces se les pasaba ni siquiera por la cabeza que sus creaciones pudieran ser entendidas como algo de su propiedad. La razón de esta aparente humildad extrema estriba en la concepción teocéntrica del mundo, típica de la época; para el hombre medieval, todo lo que sucedía, fuera lo que fuera, tenía lugar por voluntad y designio de Dios. Los escritores medievales, por lo tanto, se consideraban nada más que una especie de intermediarios o instrumentos de Dios, el verdadero autor de todo lo real.

Ya hemos visto que en el caso de la poesía tradicional la anonimia y autoría colectiva a través del tiempo son características esenciales de la vida misma de las composiciones. En el caso de la poesía culta, aun cuando no exista ese proceso de transmisión tradicional, tampoco es raro que el autor oculte su nombre; de hecho, del siglo XIII el único nombre que conocemos es el de Berceo, aunque apenas sepamos nada más de él. En los dos últimos siglos de la Edad Media, sin embargo, la situación empieza a cambiar, a medida que nos acercamos al Renacimiento. No es casualidad que en el siglo XIV el gran prosista Don Juan Manuel, quizá por orgullo de noble, reivindique para sus obras un concepto ya moderno de autoría y exija que no sean modificadas por nadie. Muchos poetas del XIV tienen ya nombre, aunque todavía podemos hallar el caso de Juan Ruiz, que termina su libro invitando a los lectores a cambiarlo y ampliarlo como les parezca. En el siglo XV, ya plenamente prerrenacentista, conocemos el nombre y datos biográficos de gran número de poetas, aunque algunas obras, sobre todo las de crítica socio-política, sigan optando prudentemente por la anonimia.

Tradición y originalidad

Un gran poeta de la generación del 27, que fue además un extraordinario crítico, Pedro Salinas, resumía la obra de Jorge Manrique afirmando que era una síntesis entre tradición y originalidad, definición que se puede extender a toda la literatura medieval. En efecto, de la misma manera que los escritores cedían, por así decirlo, sus creaciones a la colectividad, también se sentían autorizados a disponer libremente de otras obras. Desde el romanticismo, a principios del siglo XIX, nos hemos ido acostumbrando a valorar las obras por su novedad, por el hecho de ser originales; antes, sin embargo, se pensaba lo contrario: que el autor no podía ser totalmente original a menos que no fuera, sencillamente, un ignorante que desconocía la tradición literaria anterior.

En la Edad Media, por lo tanto, un escritor debía seguir las huellas que habían dejado quienes le habían precedido, según las convenciones de entonces. El concepto de *autoridad*, es decir, el prestigio de las obras y los autores antiguos, era muy grande y obligaba a cualquier escritor a conocerlos y a tenerlos en cuenta. Por ello muchas de las obras de esta antología están basadas en otras, latinas, francesas, italianas, etc.

¿Quiere decir ello que el autor no ponía nada de su propia inventiva? En absoluto, porque nunca había copia literal, sino imitación y adaptación. El escritor medieval se aprovechaba para su propia obra de todos los elementos de obras anteriores que le pudieran interesar, pero siempre subordinándolos a sus necesidades. Un ejemplo muy claro nos lo ofrece Gonzalo de Berceo, quien se basa para sus *Milagros de Nuestra Señora* en una obra latina, pero adaptando las historias a la realidad de la Rioja del siglo XIII, con el fin de hacerlas más comprensibles a su público: introduce novedades que no estaban en el original, hace más gráficas y vivas las descripciones y las narraciones, y, sobre todo, dota al conjunto de su propia personalidad, cordial y familiar, transformando una fría recopilación de milagros en un cálido mensaje de amor hacia la Virgen dirigido a gentes sencillas.

Uno de los recursos más utilizados en este sentido es el *tópico*. Hoy en día entendemos por tópico, de forma peyorativa, una idea o concepto que se repite de boca en boca; en la Edad Media, en cambio, eran un conjunto de temas o motivos tradicionales que gozaban de gran prestigio y que los autores recogían en sus obras, según sus necesidades, porque así daban muestra, además, de su amplia cultura. Entre los más comunes estaba el del *locus amoenus* o paisaje primaveral idílico (véase III.2: «Introducción» y IV.1), el *ubi sunt* o evocación de figuras famosas del pasado ya fallecidas (véase V.4), la oposición armas-letras (véase IV.2), la *donna angelicata* o exaltación de ciertos rasgos idealizados de belleza femenina, como el cabello rubio y los ojos claros (véase V.2.4), etc.

Mester de juglaría frente a mester de clerecía

Mester quiere decir «oficio» y se aplica a los dos primeros grupos de autores mínimamente identificables en la Edad Media. El más antiguo, activo al menos desde el siglo XII, es el de juglaría, que reúne a los juglares, compositores y recitadores itinerantes de cantares épicos. Estas obras se caracterizaban por un cierto primitivismo en lo que se refiere a la forma: los versos no tenían todos la misma medida, rimaban sólo las vocales y además el poeta cambiaba la rima sin orden establecido, cuando le venía bien, etc. Además, según la interpretación tradicional, su tono popular y su sencillez compositiva obedecían a la falta de cultura tanto de los autores como del público ante el que se recitaban. Sin embargo, hoy sabemos que el autor de la versión del *Cantar de Mío Cid* que ha llegado hasta nosotros no pudo ser un poeta totalmente ignorante, puesto que demuestra en la obra cierta familiaridad con el derecho.

En todo caso, el mester de clerecía surge en el siglo XIII como un movimiento de autores cultos que se distingue de los anteriores por su mayor cuidado formal. La estrofa principal de sus composiciones es la *cuaderna vía*, formada por cuatro versos de 14 sílabas con rima consonante, que cambia regularmente con cada estrofa. La conciencia de la oposición entre ambos mesteres y el orgullo clerical por la propia pericia técnica quedan claramente reflejados al principio del *Libro de Alexandre* (véase III.1, estrofa 2.ª). Además, el abanico de temas tratados se amplía bastante: los más frecuentes son los religiosos, pero tampoco faltan los de asunto clásico e incluso de historia nacional, como el *Poema de Fernán González*.

De todas formas, la oposición entre ambas escuelas no era siempre tan radical como a veces se pretende. Ni todos los juglares carecían de formación, como ya hemos dicho, ni será raro encontrar en obras de clerecía rasgos juglarescos, como llamadas de atención al público, tan abundantes en Berceo. Además, existe un numeroso grupo de obras en estrofas distintas a la cuaderna vía (recogidas en el apartado IV), que presentan, junto a rasgos cultos, una temática narrativa y un tono popular, por lo que cabe situarlas a medio camino entre lo juglaresco y lo clerical.

Poetas de los siglos XIII *y* XIV

Gonzalo de Berceo

Apenas se sabe nada de la vida del primer poeta medieval de nombre conocido. Nació en el pueblo riojano de Berceo a finales del siglo XII y murió a mediados del XIII. Fue clérigo, y por sus obras se aprecia que tuvo conocimientos legales y administrativos. Escribió varias vidas de santos y poemas de exaltación a la Virgen, con los que pretendía no sólo contribuir a la religiosidad de su público, sino también hacer propaganda en favor de los monasterios con los que estaba relacionado, como San Millán o Santo Domingo, probablemente para atraer peregrinos del camino de Santiago que dejaran limosnas.

Juan Ruiz

Tampoco sabemos mucho del simpático autor del *Libro de Buen Amor*. Tal vez naciera en Alcalá de Henares; fue arcipreste de la localidad guadalajareña de Hita hacia 1330, y estaba encargado probablemente de supervisar y adoctrinar a los sacerdotes de los distintos pueblos de la zona. En su obra se menciona un período transcurrido en prisión del que se desconoce si es real o metafórico.

Pero López de Ayala

La larga vida (1332-1407) de este noble abarca varios reinados. De sólida formación eclesiástica, participó activamente en los complicados avatares de su tiempo. Como militar, tomó parte en guerras civiles e internacionales y permaneció prisionero de los portugueses varios meses; fue diplomático y ocupó numerosos cargos políticos, especialmente como consejero real, llegando a ser nombrado Canciller Mayor del Reino. Aparte del *Rimado de Palacio,* es autor de varias crónicas históricas y de otras obras.

Sem Tob de Carrión

Miembro de una poderosa familia judía de Carrión de los Condes, llegó a ser rabino y a formar parte de la corte del rey Alfonso XI. Aparte de los *Proverbios morales,* escribió otras importantes obras tanto en castellano como en hebreo.

Poetas del siglo XV

El marqués de Santillana

Íñigo López de Mendoza (1398-1458), de noble familia, hizo compatibles en su vida, como ya hiciera López de Ayala, las armas y las letras. Por un lado, tuvo una destacada actuación en la política y luchas civiles de la primera mitad de siglo; por otro, fue un enamorado de la cultura y protector de escritores: llegó a poseer una gran biblioteca. Es autor de obras en prosa y de una amplia producción poética.

Juan de Mena

Este cordobés de no muy larga vida (1411-1456) es ejemplo de intelectual puro, consagrado a su obra, que le hizo ganar una gran fama ya en su época. Tras estudiar en Salamanca y en Roma, fue nombrado, por sus conocimientos de latín, secretario de Juan II, por lo que pudo conocer de primera mano a los protagonistas de aquel conflictivo reinado que tan bien reflejará en su *Laberinto de Fortuna*.

Jorge Manrique

Perteneciente a una de las familias más antiguas de Castilla, nació hacia 1440. De la mano de su padre, D. Rodrigo, participó en la vida política y militar de finales de la Edad Media. Partidario de Isabel la Católica en la guerra civil que precedió a su reinado, murió en combate en 1479, menos de tres años después de la muerte de su padre, a quien dedicó sus hermosas *Coplas*.

LA POESÍA MEDIEVAL Y SUS VARIEDADES

Algunos rasgos especiales de la literatura medieval

Para comprender adecuadamente muchas de las obras a las que nos vamos a acercar hay que tener en cuenta una serie de características peculiares del mundo medieval que influyen enormemente, como podremos ver, en la literatura de entonces. Para el hombre medieval, en primer lugar, todo el Universo formaba un gran conjunto unitario presidido por Dios y sometido al orden establecido por su voluntad. Cada elemento del mundo, mineral, vegetal o animal, era un miembro de ese conjunto y mantenía relaciones muy estrechas con los demás, al tiempo que reflejaba ese diseño divino. Así, por ejemplo, Alejandro, en su «Viaje al fondo del mar» (págs. 101-104), comprueba cómo entre los peces, al igual que en la sociedad humana, los poderosos dominan a los débiles. Como consecuencia de esta visión del mundo, el arte medieval posee un fuerte carácter simbólico y alegórico. Como veremos, detrás del significado más evidente de cada obra habrá siempre un segundo mensaje de tipo moral, reflexivo o religioso.

Y ése es precisamente el segundo rasgo que vamos a destacar: la continua presencia de la religión en casi todos los aspectos de la vida de aquellos siglos. Si a ello añadimos que, como sabemos, la cultura durante gran parte de la Edad Media estuvo en manos de los eclesiásticos, no nos extrañará la gran importancia del espíritu cristiano, de constante presencia en las distintas obras.

En tercer lugar, la época que estamos tratando fue especialmente propicia a lo fantástico y maravilloso. Tengamos en cuenta que la gran mayoría de la gente no sólo carecía de una mínima formación, sino que además no solía moverse del lugar de nacimiento. Por lo tanto, cualquier cosa, incluso lo más corriente para nosotros, era para ellos asombroso. Si uno sólo conoce una porción muy escasa de la realidad, todo le provoca sorpresa, cuando no temor: de las costumbres, los animales o los idiomas desconocidos a los relatos de las viejas o de los viajeros. A ello hay que añadir el sentido de precariedad que tenía la vida entonces, sujeta a guerras, enfermedades, fenómenos naturales, etc. No podemos asombrarnos, por lo tanto, de que el espíritu de la época tendiera a la superstición, a la credulidad, al temor a mil formas de maldad, y al mismo tiempo cultivara una confianza ciega en el poder milagroso de lo santo y un gusto extremo por lo legendario y fantástico.

Finalmente, no debemos olvidar que, aunque en los últimos siglos del medievo se desarrolle una literatura en los distintos idiomas surgidos del latín, será este último la lengua oficial de la cultura, no sólo en esta época, sino prácticamente hasta hace un par de siglos. Durante toda la Edad Media se siguió escribiendo mucho en latín, y esta literatura, que recogía la potente herencia de la antigüedad, influyó enormemente en las recién nacidas literaturas nacionales, antes de que pudieran expresarse con personalidad propia, de la misma manera que los padres influyen en los niños antes de que éstos lleguen a tener voz propia.

Una vez hechas estas consideraciones, podemos centrarnos sin más en la poesía medieval. Tal vez lo primero que de ella llama la atención a un lector de nuestros días es la inacabable variedad de asuntos de los que se ocupa. Todo, en efecto, parecía ser apropiado para tratarse en verso, desde relatos, fueran éstos históricos o inventados, de la antigüedad o de la propia época medieval, hasta reflexiones morales, pasando por vidas de santos, transmisión de conocimientos, textos de propaganda, etc. Hoy en día preferimos utilizar la prosa, es decir, novelas, cuentos o ensayos, para este tipo de obras, mientras la poesía se usa casi exclusivamente para expresar sentimientos y emociones, lo que también se hacía en la Edad Media, por supuesto.

Esta diferencia se explica si tenemos en cuenta que nos encontramos en los orígenes de la literatura española, en su infancia, y que los géneros más prestigiosos, como había ocurrido también en la antigüedad grecorromana, eran los poéticos. La literatura, en cualquier zona y época, aparece en forma de verso porque nace asociada al canto y a la recitación. La prosa surgirá en una etapa posterior, y además le costará mucho desbancar en prestigio e importancia a la poesía. De este modo, cualquier tema que se considerara digno de ser convertido en literatura, adquiría en los primeros siglos casi automáticamente forma poética. Sin embargo, al igual que sucede en casi todas las culturas, las primeras manifestaciones de la literatura española pertenecen a dos géneros poéticos de carácter tradicional: la lírica popular y la épica.

La poesía épica

De los numerosos cantares de gesta que debieron de existir en los primeros tiempos de nuestra literatura, el azar ha hecho que sólo conservemos dos, ambos protagonizados por el mismo personaje, Rodrigo Díaz de Vivar, un caballero castellano que existió realmente en el siglo XI, a diferencia de otros héroes medievales legendarios, como el rey Arturo o Roldán. Los árabes le llamaban, entre el temor y la admiración, «Cid Campeador», que quería decir algo así como el «señor de la guerra». El más tardío de los dos cantares, del siglo XIV, es las *Mocedades de Rodrigo,* dedicado a la juventud del héroe.

Más antiguo y mucho más importante es el *Cantar del Mío Cid,* compuesto en el siglo XII, aunque no sabemos si a principios o a finales del mismo. En la vivaz narración de las hazañas del héroe se mezclan hechos históricos, como el destierro del Cid de Castilla y su notable actividad guerrera, que culminó con la conquista del reino de Valencia, con otros episodios inventados, como las bodas de sus hijas con los condes de Carrión y la posterior afrenta de Corpes, cuando éstos, ofendidos con el Cid, maltratan y abandonan a sus esposas en pleno campo. Con la venganza del protagonista y el perdón del rey acaba la obra. El poema está, pues, a medio camino entre la leyenda y la historia y resulta en consecuencia bastante realista. Es cierto que la figura del héroe se exalta como modelo de guerrero y capitán, pero sus aventuras son siempre verosímiles y se insiste, además, en las cualidades humanas del personaje, como su respeto a los demás, su amor hacia su mujer y sus hijas o, incluso, su sentido del humor.

La poesía tradicional: lírica popular y romance

De los cantares de gesta procede una parte de las composiciones del Romancero, como ya hemos señalado, pero otras muchas es posible que fueran compuestas directamente en versos octosílabos de rima asonante en los versos pares, que es la forma típica de este género folclórico. Los romances que se conservan proceden de los siglos XIV y XV, aunque muchos de sus asuntos se remontan a más atrás. Es pues una modalidad poética más moderna que la épica y la lírica, con la que comparte el carácter tradicional. Su vigencia no se limitó a la Edad Media, puesto que algunos de los grandes poetas de los siglos XVI y XVII, como Cervantes, Góngora o Lope, estimulados por el valor literario del romancero viejo, se lanzaron a componer sus propios romances, que se denominan «nuevos» para distinguirlos de los medievales.

Éstos suelen ser divididos por sus temas en *históricos* y *de invención*. Los primeros tratan de asuntos inspirados por la realidad de la Edad Media, aunque no se excluyan en absoluto las leyendas. Dentro de este grupo se distinguen a su vez otros subgrupos: los romances *épicos,* que se basaban en antiguos héroes de la épica, como el Cid (II. 3.5); los *fronterizos,* que trataban de las relaciones en paz y en guerra de cristianos y musulmanes (II. 3.6); y los *noticieros,* inspirados por hechos históricos de los mismos siglos XIV y XV (II. 3.7). Los romances *de invención,* en cambio, son producto de la libre fantasía, y están abiertos a lo novelesco (II. 3.1), a distintas tradiciones caballerescas, como la del ciclo artúrico (II. 3.2), o incluso a lo lírico (II. 3.3 y 3.4).

Durante mucho tiempo se creyó que la literatura española había comenzado por la épica, pero a mediados de este siglo se descubrieron unas cancioncillas líricas del siglo XI llamadas *jarchas,* escritas en lengua mozárabe, es decir, la que hablaban los cristianos que vivían en tierras árabes. Se trata no de las más antiguas poesías líricas no sólo de España, sino de toda Europa. Es un auténtico milagro que se hayan conservado, y ello fue posible gracias a la sensibilidad poética de ciertos poetas árabes y hebreos, que las incluyeron al final de algunas composiciones en sus propias lenguas, llamadas *moaxajas,* con lo que fueron copiadas por escrito.

La mayoría de estos breves poemillas están puestos en boca de una mujer que habla de sus amores. Curiosamente, ése será también el tema principal de las *cantigas de amigo,* un importante subgénero de la poesía medieval en lengua gallega, así como de gran parte de los *villancicos,* que es como se denomina a las poesías populares en castellano.

Como ya hemos visto, estos últimos fueron rescatados de la tradición oral y puestos por escrito por razones muy similares a las de las jarchas; pero dado que se conserva un número mucho mayor de composiciones, los villancicos no se limitan al tema amoroso, sino que abarcan gran parte de los aspectos de la vida cotidiana de entonces, como el trabajo, la fiesta, el ciclo de las estaciones, etc. De todas formas, el motivo principal es el amor en todas sus manifestaciones, en su mayor parte desde el punto de vista de la mujer: sus confidencias a la madre o las amigas, sus diálogos con el amado, sus temores y celos, etc. Puesto que todos estos pequeños poemas eran de tono popular y se destinaban al canto, se caracterizan por su sencillez y agilidad, pero también por la profundidad con la que muestran sentimientos y sensaciones que siguen siendo los de todos.

El mester de clerecía

Siglo XIII

El gran siglo de los poemas de clerecía es el XIII. En estos años aparecen, no lo olvidemos, las universidades, y es probable que la mayoría de estos poetas se formaran en ellas. En todo caso, muchas de sus obras dan muestras de una sólida base cultural en su intento por difundir conocimientos de diversa índole entre su público. Los asuntos de la antigüedad grecolatina centran dos de las más importantes obras del grupo.

El *Libro de Alexandre* es probablemente el primer ejemplo de esta escuela, además del más extenso. En sus más de 10.000 versos se nos narran las aventuras de Alejandro Magno, el gran general griego que, pese a su temprana muerte, consiguió conquistar un enorme imperio. La historia principal, de todas formas, se ve constantemente interrumpida por otras leyendas clásicas o por la inclusión de datos científicos, geográficos, históricos, etc. La obra adquiere así un notable carácter enciclopédico, que se justifica porque Alejandro, además de guerrero, es un hombre instruido con una incansable sed de saber. Pese a tantas virtudes, sin embargo, el protagonista peca de una gran soberbia que le hace incurrir en la ira divina y provocará su trágico final. De este modo, se pretende que el lector, además de ser instruido, reciba una lección moral.

El *Libro de Apolonio* se basa también en un género clásico, la novela bizantina. Relata las desventuras del rey de Tiro, Apolonio, que en sus peregrinaciones se separa de su mujer e hija y no las recobrará hasta pasados muchos años. El protagonista es un héroe puramente intelectual esta vez, experto en lógica y en música, cuya mayor virtud es la resignación y dignidad con la que sobrelleva sus desgracias, por lo que Dios le recompensará con un final feliz. La inevitable lección moral es, pues, positiva en este caso.

El principal tema de las obras de clerecía era, sin embargo, el religioso, como resulta lógico. Buen ejemplo de ello es Gonzalo de Berceo, autor de varias hagiografías, es decir, vidas de santos, así como de poemas marianos, entre los que destaca su obra maestra, los *Milagros de Nuestra Señora*. Se compone esta recopilación de 25 relatos más una introducción alegórica. En cada narración se cuenta cómo la Virgen interviene milagrosamente para salvar a un devoto suyo amenazado por algún mal o por la condenación de su alma. La religiosidad del poeta riojano es sencilla y directa; sabe reflejar como pocos ese sentimiento típico del hombre medieval de que Dios, o la Virgen en este caso, se halla detrás de todo. De esta manera, una gran variedad de grupos sociales y de aspectos cotidianos de la vida de entonces se asoma a los distintos milagros.

Las tres obras vistas hasta ahora fueron escritas en *cuaderna vía,* la estrofa más representativa del mester de clerecía; pero los asuntos religiosos son tema también de otras composiciones del siglo XIII en versos más cortos, que se caracterizan por un estilo menos elaborado y más popular. Se trata de una serie de obritas también clericales, pero con elementos juglarescos y menor ambición que las anteriores, aunque no carezcan de encanto.

El *Libro de la Infancia y Muerte de Jesús,* una de las más antiguas, narra un temprano milagro del Niño Jesús tomado de los *Evangelios apócrifos,* una recopilación de relatos sobre la vida de Jesucristo que la Iglesia no acepta como auténticos, pero que fueron muy famosos en la Edad Media porque se adaptaban perfectamente al espíritu popular de la época, al unir religiosidad y fantasía. Los milagros y los violentos contrastes, tan queridos por el público de la época, se dan cita en la *Vida de Santa María Egipcíaca,* centrada en una santa, popularísima en la Edad Media, que pasó de ser una bella y rica prostituta a vivir cuarenta años en el desierto. Ambas obras conjugan un claro propósito edificante con un evidente afán por entretener al público.

Pero si las obras en *cuaderna vía* no se limitaban a los temas religiosos, lo mismo sucedía con estas otras composiciones menores. Así, una de las más tempranas, la *Razón de amor,* nos brinda la sorpresa de ser un poema amoroso, el más antiguo de la literatura española, a excepción de las jarchas, cuyo anónimo autor demuestra conocer bien la doctrina del amor cortés que ya hemos mencionado, a través del encuentro, en un idílico paisaje, entre una dama y un clérigo. El poema se completa con una segunda parte, los *Denuestos del agua y el vino,* en la que, tras marcharse la dama, el autor asiste a un debate entre ambas bebidas, sobre cuyo significado simbólico los críticos no acaban de ponerse de acuerdo.

La popularidad de estas obras de debate en la Edad Media se explica por la extendida afición de la época al contraste y al antagonismo, que se refleja también en los torneos, por poner otro ejemplo. *Elena y María* es uno de los poemas de debate más sabrosos, y pertenece a una extendida tradición medieval que evidencia la rivalidad entre los dos grupos dominantes de la sociedad de entonces. Cada una de las dos nobles damas protagonistas defiende la superioridad de su respectivo amante, un clérigo y un caballero. Al no ponerse de acuerdo deciden acudir a la corte de un rey que sirva de juez. Por desgracia, la obra se ha conservado incompleta y no sabemos en qué acabó la disputa.

¡Ay, Jerusalén!, también llamado *Llanto por la caída de Jerusalén,* es el único ejemplo hispánico de un género muy extendido en el resto de Europa, los poemas de propaganda en favor de las Cruzadas.

Siglo XIV

A diferencia del tono optimista de las obras vistas hasta ahora, correspondiente al esplendor del siglo XIII que las ve nacer, las del más conflictivo siglo XIV presentan un carácter distinto. La confianza en las posibilidades didácticas de la literatura se resquebraja y el mismo cauce formal de la *cuaderna vía* se empieza a poner en discusión: las dos obras más importantes del nuevo siglo, en efecto, incluyen estrofas y metros distintos. Además, las grandes dificultades de la época se traducen en dos actitudes distintas, aunque sólo aparentemente opuestas: un hedonismo vitalista, que tiende a aprovechar el instante siguiendo el famoso tópico del *carpe diem,* y un sombrío pesimismo que dibuja con negros trazos el panorama que le rodea.

Al primer tipo pertenece el *Libro de Buen Amor,* de Juan Ruiz, libro ambiguo donde los haya: según sus propias palabras, el autor tiene el propósito de advertir contra los peligros del amor terreno, pero, ya que está, aprovecha para dar consejos a quienes quieran practicarlo. El resultado es una obra miscelánea, es decir, formada por elementos distintos, entre los que podemos distinguir una serie de composiciones poéticas en metro diferente de la *cuaderna vía,* de tema religioso o satírico (pág. 129), un arte de amar con una serie de consejos para amadores (pág. 120), algunos pasajes de fuerte crítica social (pág. 122), etc. Con todo, el cuerpo principal de la obra está formado por una sucesión de aventuras amorosas del protagonista bajo distintas identidades, que se ilustran con numerosas fábulas intercaladas (pág. 125).

En el segundo tipo se enmarca el extenso *Rimado de Palacio* del Canciller Ayala, que comparte con el *Libro de Buen Amor* un carácter misceláneo, aunque algo menos abigarrado. En la primera parte traza Ayala bajo la forma de confesión, una vigorosa sátira de la sociedad de entonces y de la corrupción reinante. A todos los grupos sociales pasa revista el autor y ninguno se salva, de los más bajos (pág. 133) a los más altos (pág. 135). La breve segunda parte reúne composiciones líricas en distintos metros, muchas de ellas dedicadas a la Virgen (pág. 137). La tercera y última parte consiste en un largo comentario de tipo religioso-moral acerca de la vida del santo Job, personaje bíblico caracterizado por su paciencia, virtud que seguramente Ayala encontraba imprescindible para sobrellevar los duros tiempos en los que le tocó vivir.

Los *Proverbios morales* del escritor judío Sem Tob no fueron escritos en *cuaderna vía,* pero la profundidad de sus reflexiones y la talla intelectual de su autor la emparejan con las grandes obras de la época. En un estilo conciso, la obra va engarzando breves consejos sobre muy diversos asuntos, desde una actitud moral presidida por el pesimismo sobre las posibilidades reales de conocer el mundo y el deseo de mantener una actitud digna en él.

La poesía en el siglo XV

Pese a la conflictiva situación económica, social y política de los reinos hispánicos, o quizá precisamente por ello, en el siglo que cierra la Edad Media tiene lugar una auténtica eclosión de poetas, comparable a la que tendrá lugar en el Barroco. Hasta entonces la lengua castellana se había utilizado en poemas narrativos, pero no en composiciones líricas, para las que los poetas cultos preferían el gallego-portugués, como el rey Alfonso X, gran impulsor por otro lado de la prosa castellana, como sabemos; en el siglo XV, sin embargo, como ya venía ocurriendo con la poesía popular, el castellano se convierte en la lengua habitual de expresión lírica de un notable número de poetas, de todas las clases sociales. En las cortes de los reyes y los poderosos nobles se instalan juglares y trovadores, mientras se hace frecuente que muchos caballeros concilien la práctica de las armas con la de las letras. No en vano, como ya hemos repetido, se suele calificar esta centuria como prerrenacentista, porque adelanta rasgos del siglo siguiente.

Conocemos bien la producción de este período gracias a los *cancioneros,* colecciones antológicas de poesías de diversos autores, cuya recopilación se hizo frecuente, estimulada sin duda por la invención de la imprenta. Sabemos ya que en dichos cancioneros se incluyeron también poemas tradicionales, pero la mayoría de las composiciones recogidas eran de autor, pese a que de muchos de los numerosos poetas de la época no sepamos hoy nada. Aunque en esta época se den los primeros intentos por implantar en España formas métricas italianas, como los sonetos (véase 2.3), los tipos de poemas que se preferían eran fundamentalmente dos: la *canción* y el *decir.*

La *canción,* de carácter lírico, suele ser breve y utiliza versos cortos, especialmente octosílabos, que se convertirán en la medida métrica más característica de la poesía española. Sus temas son la sátira y la religión, pero, sobre todo, el amor, muy influido por los tópicos del amor cortés: se trata de una pasión irresistible e irrealizable, que cautiva al poeta en el servicio a una dama que frecuentemente le rechaza, con el consiguiente sufrimiento. Su estilo se basa en el ingenio, el juego de palabras, la hipérbole o exageración, el contraste de conceptos, etc.: es una poesía de expresión y sentimientos refinados, destinada al disfrute cortesano.

Idéntico refinamiento caracteriza a los *decires,* composiciones más extensas, de carácter narrativo, que se sirven de versos de doce sílabas. Estilísticamente, se pretende dotar al castellano de la misma categoría que tenía el latín, por lo que se introducen palabras clásicas, referencias mitológicas y culturales, así como una sintaxis más compleja. Sus temas son más elevados: historia, doctrina moral, vidas de santos; pero fundamentalmente se cultiva el poema alegórico, bajo el influjo de Dante y su *Divina comedia*. A imitación de esta obra, en la que el gran poeta italiano relata, en el curso de un viaje imaginario a través del infierno, el purgatorio y el paraíso, sus encuentros con varias personalidades del pasado y el presente, se escribirán, por ejemplo, el *Infierno de los enamorados* y la *Comedieta de Ponza* del marqués de Santillana o el *Laberinto de Fortuna* de Juan de Mena.

En un período tan conflictivo no resulta extraño que fuera abundante la poesía de sátira socio-política. Por un lado, en los cancioneros abundan las composiciones satíricas, pero por otro se escribieron también poemas más amplios, anónimos lógicamente, como las *Coplas de Mingo Revulgo* y, sobre todo, la *Danza de la muerte*, en la que la muerte, mientras invita a representantes de todas las clases sociales a acompañarla en su macabra danza, describe críticamente sus actividades en vida.

Lo normal era que los poetas practicaran al mismo tiempo la canción y el decir. La obra maestra de este siglo y uno de los mejores poemas de toda la literatura española es, sin embargo, una composición que está a medio camino entre ambas modalidades, las *Coplas a la muerte de su padre,* de Jorge Manrique, el tercer gran poeta de la época, junto a Mena y Santillana. En un tono, entre lo narrativo y lo lírico, que sorprende por su sinceridad y modernidad, el autor evoca el sencillo heroísmo de la vida del fallecido y su serena actitud ante la muerte, a la vez que reflexiona hondamente sobre el sentido de nuestra existencia. Este largo poema, de 480 versos repartidos en 40 estrofas en las que se combinan versos de 8 y 4 sílabas, se suele dividir en tres partes. En la primera, que abarca hasta la copla 14, el autor, tras unas estrofas de presentación e invocación a Cristo (1-4), emprende, como si se tratase de una especie de sermón, un vigoroso rechazo del mundo en nombre de su caducidad. Manrique repasa todo lo aparentemente valioso de este mundo: belleza, poder, riqueza, placeres, y constata su fragilidad e inconsistencia ante el tiempo, la fortuna y la muerte. Como buen poeta medieval, el autor se apoya en numerosos tópicos tradicionales: el «rechazo del mundo», que era uno de los más frecuentes, puesto que, como sabemos, en la Edad Media todo se subordinaba a Dios y a la vida eterna; la inconstancia de la fortuna, cuya rueda gira y cambia todo (recuérdese a Mena), etc.

La segunda parte (coplas 15-24) también se basa en un tópico, el del *ubi sunt?*, es decir, el preguntarse retóricamente dónde están los que antes de nosotros vivieron, para insistir en la caducidad de lo terrenal. Manrique, sin embargo, se caracteriza por imprimir constantemente a estos tópicos un sello personal. En este caso, en vez de preguntarse por los grandes personajes de la antigüedad, como era lo normal, evoca a los que vivieron y murieron pocos años antes, con lo que logra un impacto mayor, puesto que se trata de figuras mucho más cercanas y a veces incluso conocidas para los lectores de su época. A nosotros, además, nos ofrece un cuadro muy vivo de la vida de la nobleza de la época con sus torneos, trajes, fiestas y amores (coplas 16, 17, 19).

La tercera y última parte (coplas 25-40) consiste en la exaltación de don Rodrigo Manrique, su padre. En las ocho primeras coplas (25-32) se elogian las virtudes del difunto comparándolas tópicamente con las de personajes antiguos. Las estrofas finales (33-40) nos muestran el sereno y respetuoso diálogo entre la Muerte, que da ánimos a don Rodrigo, y éste, quien acepta su destino como un héroe cristiano.

PARA LEER MÁS

Otras antologías de poesía medieval

López Estrada, F., y López García-Berdoy, M. T., ed.: *Poesía castellana de la Edad Media,* Madrid, Taurus, 1991.

Sucinta selección de textos, pero introducciones y comentarios amplios e interesantes a cargo de uno de los mayores expertos actuales en la literatura medieval española.

Gómez Redondo, F., ed.: *Poesía española, 1, Edad Media: Juglaría, Clerecía y Romancero,* Barcelona, Crítica, 1996.

Amplia y exhaustiva selección de textos, aunque limitada a lo que el título señala (un segundo volumen se ocupará de la lírica y los cancioneros), con prólogo, anotación y bibliografía excelentes.

Leyendas épicas españolas, Madrid, Castalia, 1967; Col. «Odres Nuevos»; versión moderna de R. Castillo; prólogo de E. Moreno Báez.

Además de un claro prólogo, incluye versiones en español moderno y en prosa de las leyendas épicas perdidas y conservadas. Batallas, amores, traiciones y hazañas caballerescas en una lectura inolvidable.

Frenk, Margit, ed.: *Lírica española de tipo popular,* Madrid, Cátedra, 1986.

La autora, profunda conocedora de esta parcela de la poesía medieval, nos ofrece una preciosa recopilación de jarchas, cantigas y villancicos, precedida de un breve pero sustancioso prólogo.

García de Enterría, María Cruz, ed.: *Romancero Viejo (Antología)*, Madrid, Castalia, 1987.

Libro de eminente finalidad didáctica, incluye una amplia introducción, textos profusamente anotados y diversos materiales de trabajo.

Sobre la historia medieval

Mitre, Emilio: *Introducción a la Historia de la Edad Media europea*, Madrid, Istmo, 1976.

Como indica su título, el autor nos ofrece una clara y sugerente visión de conjunto de las bases económicas, político-sociales y culturales de la Europa medieval.

Jackson, Gabriel: *Introducción a la España medieval*, Madrid, Alianza, 1974.

Obra de síntesis, ya clásica, que traza en apenas 160 páginas un excelente panorama de nuestra península en la Edad Media. Cuenta con un capítulo específicamente dedicado a la literatura y el arte.

Lewis, C. S.: *La imagen del mundo*, Barcelona, Antoni Bosch, 1980.

Fascinante exposición de la visión que del mundo tenían los hombres de la Edad Media. Una oportunidad para comprender desde dentro cómo se concebían entonces los cielos, la tierra y la propia naturaleza humana.

Algunas novelas actuales ambientadas en la Edad Media

López Narváez, Concha: *Endrina y el secreto del peregrino*, Madrid, Espasa-Calpe, 1987. Col. «Austral Juvenil».

Una joven campesina acompaña en pleno siglo XII a dos peregrinos a través del camino de Santiago hasta la ciudad gallega, pero la devoción no parece ser la única razón de tan agitado viaje.

MARTÍNEZ MERCHÉN, Antonio: *La espada y la rosa,* Madrid, Alfaguara, 1993. Col. «Serie Roja».

El joven Moisés, abandonado de pequeño y recogido por un ermitaño, emprende, en compañía de un misterioso caballero, un difícil viaje en busca de sus orígenes, a lo largo del cual entrará en contacto con las numerosas leyendas de la rica fantasía medieval.

ECO, Umberto: *El nombre de la rosa,* Barcelona, Lumen, 1982.

En el turbulento siglo XIV se cometen una serie de horrendos crímenes en una abadía famosa por su biblioteca. El joven Adso, mientras ayuda a su maestro fray Guillermo de Baskerville a resolver el misterio, descubre que el mayor enigma tal vez sea la propia vida. Una novela apasionante para jóvenes y mayores.

ANTES DE EMPEZAR

La lectura de un libro como el presente, que recoge fragmentos representativos de las mejores obras de la poesía medieval española, puede hacerse por varios motivos: para entrar en contacto con un importante período de nuestra historia, por deseo de aumentar nuestra cultura, por imposiciones escolares, etc. Sin embargo, lo ideal sería que, aparte de las razones iniciales que nos llevaran a abrir sus páginas, al recorrerlas fuéramos capaces de sentir, pese a los siglos que nos separan de sus autores, la emoción y los sentimientos que les animaron al componerlas, exactamente igual que si leyéramos poesías escritas en nuestro tiempo. Porque ésa es la magia (o el milagro, por usar un término más afín a la época que nos ocupa) que se produce en la literatura, y especialmente en la poesía: la comunicación de un estremecimiento común alrededor de la palabra entre un escritor y un lector.

Para facilitar esa comunicación, se ha procurado allanar en la medida de lo posible el camino que separa al lector no especialista de la poesía medieval. La introducción ha pretendido facilitar en síntesis algunos datos históricos, sociales y culturales de la Edad Media europea, básicos para situar las obras en su justo contexto, sin descuidar las peculiaridades de la península Ibérica en la época. Al mismo tiempo, dado el carácter antológico de la obra, se ha trazado una breve visión panorámica de las numerosas vertientes de la poesía castellana medieval, que se complementa con las claves de lectura que preceden a cada sección.

Los textos se han seleccionado en función de su importancia histórica, pero también en virtud de *su valor literario intrínseco, porque, repetimos, éste es un libro concebido para ser leído y disfrutado como literatura. Se ha adoptado una agrupación afín de textos y una disposición básicamente cronológica, pero el lector puede abordar la lectura a su antojo. Las poesías se numeran por versos o estrofas, según sea habitual. Las notas pretenden facilitar la comprensión de los términos que nos sean lejanos; además puede consultarse el glosario final de palabras más frecuentes o, en última instancia, el diccionario.*

En la presentación de los versos se ha buscado también potenciar la facilidad de la lectura, destacando, por ejemplo, las divisiones de los versos con cesura, incluso por medio de la separación de los hemistiquios en dos líneas (como ocurre en el Mío Cid). Confiamos en que reforzar la lectura rítmica de la poesía medieval sirva para acercar al lector a su musicalidad.

En todos los casos se han modernizado la ortografía y la puntuación, pero, además, los textos de las secciones I, III y IV, así como el último de la sección V, se presentan en versiones en castellano moderno. En los casos de las obras más conocidas, se han adaptado versiones ya existentes; en otros, especialmente en la sección IV, que recoge obras menos famosas, se han realizado expresamente para esta obra. El objetivo no es otro que despertar en el lector el interés por conocer más a fondo, y de manera completa, las grandes obras de nuestro medievo. Para ello se facilita a continuación una lista de obras de las que han sido tomados los fragmentos incluidos en la presente antología:

— Poesía española medieval, Barcelona, Cupsa, 1978; ed. Manuel Alvar.

— *Poema de Mío Cid,* versión de Pedro Salinas, Madrid, Revista de Occidente, 1965.

— *Romancero,* Madrid, Taurus, 1993; ed. de Giuseppe Di Stefano.

— *Libro de Alexandre,* versión de E. Catena, Madrid, Castalia, 1985. Col. «Odres nuevos», n.º 11.

— Gonzalo de BERCEO: *Milagros de Nuestra Señora,* versión de D. Devoto, Madrid, Castalia, 1976. Col. «Odres nuevos», n.º 7.

— *Libro de Apolonio,* versión de P. Cabañas, Madrid, Castalia, 1979. Col. «Odres nuevos», n.º 4.

— Juan RUIZ: *Libro de Buen Amor,* versión de M. Brey Mariño, Madrid, Castalia, 1977. Col. «Odres nuevos», n.º 2.

— Pero LÓPEZ de AYALA: *Libro rimado de Palacio,* Madrid, Alhambra, 1978; ed. de J. Joset.

— *Poemas hagiográficos de carácter juglaresco,* Madrid, Alcalá, 1967; ed. Manuel Alvar.

— *Poesía de Cancionero,* Madrid, Cátedra, 1986; ed. de A. Alonso.

— MARQUÉS de SANTILLANA: *Obras completas,* Barcelona, Planeta, 1988; ed. de A. Gómez Moreno y P. A. M. Kerkhof.

— Juan de MENA: *Laberinto de Fortuna,* Madrid, Alhambra, 1982; ed. de L. Vasari Fainberg.

— Jorge MANRIQUE, *Poesía,* Barcelona, Crítica, 1993; ed. de V. Beltrán.

— «Danza de la muerte», versión de F. Lázaro Carreter en *Teatro medieval,* Madrid, Castalia, 1976. Col. «Odres nuevos», n.º 8.

POESÍA
MEDIEVAL

I. POESÍA ÉPICA

EL Cantar del Mío Cid consta de unos 3.700 versos, de medida irregular, que se agrupan en estrofas de distinta longitud llamadas tiradas, *cada una con la misma rima asonante y su número correspondiente. De este solitario representante de la épica medieval ofrecemos tres fragmentos. El primero narra la llegada del Cid desterrado a Burgos entre la admiración de la gente, que, sin embargo, no puede ayudarle por prohibición del rey; el heroísmo del protagonista se muestra aquí en la aceptación resignada de su suerte. Resulta además de una gran fuerza la imagen de la pequeña niña que sale a detener al grupo de feroces guerreros que están a punto de derribar su puerta. El segundo recoge un episodio bélico. Obsérvese el ritmo vivaz del relato, así como la sobria pero eficaz descripción de los combates. El Cid destaca no sólo por su fuerza y valor en la lucha, sino también como capitán, animando y ayudando a sus hombres. El tercero presenta un episodio de tipo cortesano y claramente novelesco: un león se escapa de la jaula y el Cid consigue dominarlo sólo con la autoridad de su mirada. Sus yernos, sin embargo, quedan en ridículo por su exagerado miedo, y, pese a que el héroe haga cesar las risas, de aquí nacerá el rencor que les llevará a ofender posteriormente al Cid, a través de sus hijas.*

* * *

I.1
POEMA DEL MÍO CID

DESTIERRO DEL CID Y SUS VASALLOS

3 Ya por la ciudad de Burgos
       el Cid Ruy Díaz entró.
    Sesenta pendones lleva
       detrás el Campeador.
    Todos salían a verle,
       niño, mujer y varón,
    a las ventanas de Burgos
       mucha gente se asomó.
    ¡Cuántos ojos que lloraban
       de grande que era el dolor!
    Y de los labios de todos
       sale la misma razón:
    «¡Qué buen vasallo sería
       si tuviese buen señor!»

4 De grado le albergarían,
       pero ninguno lo osaba,
    que a Ruy Díaz de Vivar
       le tiene el rey mucha saña.
    La noche pasada a Burgos
       llevaron una real carta
    con severas prevenciones[1]
       y fuertemente sellada
    mandando que a Mío Cid
       nadie le diese posada,

---

[1] *prevenciones:* órdenes, instrucciones.

que si alguno se la da
        sepa lo que le esperaba:
sus haberes perdería,
        más los ojos de la cara,
y además se perdería
        salvación de cuerpo y alma.
Gran dolor tienen en Burgos
        todas las gentes cristianas,
de Mío Cid se escondían:
        no pueden decirle nada.
Se dirige Mío Cid
        a donde siempre paraba;
cuando a la puerta llegó
        se la encuentra bien cerrada,
por miedo del rey Alfonso
        acordaron los de casa
que como el Cid no la rompa
        no se la abrirán por nada.
La gente de Mío Cid
        a grandes voces llamaba,
los de dentro no querían
        contestar una palabra.
Mío Cid picó el caballo,
        a la puerta se acercaba,
el pie sacó del estribo,
        y con él gran golpe daba,
pero no se abrió la puerta
        que estaba muy bien cerrada.
La niña de nueve años
        muy cerca del Cid se para
«Campeador que en bendita
        hora ceñiste la espada
el rey lo ha vedado, anoche a
        Burgos llegó su carta,

con severas prevenciones
　　　y fuertemente sellada.
No nos atrevemos, Cid,
　　　a darte asilo por nada,
porque si no perderíamos
　　　los haberes y las casas,
perderíamos también
　　　los ojos de nuestras caras.
Cid, en el mal de nosotros
　　　vos no vais ganando nada.
Seguid y que os proteja Dios
　　　con sus virtudes santas.»
Esto lo dijo la niña
　　　y se volvió hacia su casa.
Bien claro ha visto Ruy Díaz
　　　que del rey no espere gracia.
De allí se aparta, por Burgos
　　　a buen paso atravesaba,
a Santa María llega,
　　　del caballo descabalga
las rodillas hinca en tierra
　　　y de corazón rogaba.
Cuando acabó su oración
　　　el Cid otra vez cabalga,
de las murallas salió,
　　　el río Arlanzón cruzaba.
Junto a Burgos, esa villa,
　　　en el arenal posaba[2],
las tiendas mandó plantar
　　　y del caballo se baja.
Mío Cid el de Vivar

---

[2] *posaba:* se detuvo.

>   que en buen hora ciñó espada,
> en un arenal posó,
>   que nadie le abre su casa.
> Pero en torno suyo hay
>   guerreros que le acompañan.
> Así acampó Mío Cid
>   cual si anduviera en montaña.
> Prohibido tiene el rey
>   que en Burgos le vendan nada
> de todas aquellas cosas
>   que le sirvan de vianda.
> No se atreven a venderle
>   ni la ración más menguada [...].

EN COMBATE CONTRA LOS MUSULMANES

> 35 Embrazaron[3] los escudos
>   delante del corazón,
> las lanzas ponen en ristre
>   envueltas en su pendón,
> todos inclinan las caras
>   por encima del arzón[4]
> y arrancan contra los moros
>   con muy bravo corazón.
> A grandes voces decía
>   el que en buen hora nació:
> «¡Heridlos, mis caballeros,
>   por amor del Creador,
> aquí está el Cid, Don Rodrigo
>   Díaz el Campeador!»

---

[3] *embrazaron:* se colocaron en el brazo.
[4] *arzón:* parte delantera de la silla de montar.

Todos caen sobre aquel grupo
	donde Bermúdez se entró.
Éranse trescientas lanzas,
	cada cual con su pendón.
Cada guerrero del Cid
	a un enemigo mató,
al revolver para atrás
	otros tantos muertos son.

36 Allí vierais tantas lanzas,
	todas subir y bajar,
allí vierais tanta adarga[5]
	romper y agujerear,
las mallas de las lorigas[6]
	allí vierais quebrantar
y tantos pendones blancos
	que rojos de sangre están
y tantos buenos caballos
	que sin sus jinetes van.
A Santiago y a Mahoma
	todo se vuelve invocar.
Por aquel campo caídos,
	en un poco de lugar
de moros muertos había
	unos mil trescientos ya [...].

38 Al buen Minaya Alvar Fáñez
	le mataron el caballo
pero a socorrerle fueron
	las mesnadas de cristianos.
La lanza tiene quebrada,
	a la espada metió mano,

---

[5] *adarga:* escudo pequeño.
[6] *loriga:* túnica de malla metálica con la que se cubrían los guerreros.

aunque luchaba de pie
    buenos tajos iba dando.
Ya le ha visto Mío Cid
    Ruy Díaz el Castellano,
se va para un jefe moro
    que tenía buen caballo
y con la mano derecha
    descárgale fuerte tajo,
por la cintura le corta
    y le echa en medio del campo.
Al buen Minaya Alvar Fáñez
    le fue a ofrecer el caballo.
«Cabalgad en él, Minaya,
    que vos sois mi diestro brazo.
Hoy de todo vuestro apoyo
    me veo necesitado;
muy firmes están los moros,
    no nos ceden aún el campo,
es menester[7] que otra vez
    fuerte les arremetamos.»
Montó a caballo Minaya
    y con su espada en la mano,
por entre las fuerzas moras
    muy bravo siguió luchando.
Enemigos que él alcanza
    la vida les va quitando.
Mientras tanto Mío Cid
    de Vivar, el bienhadado[8]
al emir Fáriz tres tajos
    con la espada le ha tirado,
le fallan los dos primeros,

---

[7] *es menester:* es necesario.
[8] *bienhadado:* afortunado.

el tercero le ha acertado;
ya por la loriga abajo
　　va la sangre destilando,
vuelve grupas el emir
　　para escaparse del campo.
Por aquel golpe del Cid
　　la batalla se ha ganado.

39　El buen Martín Antolínez
　　un buen tajo a Galve da,
los rubíes de su yelmo
　　los parte por la mitad,
la lanza atraviesa el yelmo,
　　a la carne fue a llegar
el rey moro el otro golpe
　　ya no lo quiso esperar.
los reyes Fáriz y Galve
　　derrotados están ya.
¡Qué buen día que fue aquél,
　　Dios, para la cristiandad!
Por una y otra parte
　　los moros huyendo van.
Los hombres de Mío Cid
　　los querían alcanzar,
el rey en Terrera
　　se ha llegado a refugiar,
pero a Galve no quisieron
　　abrirle la puerta allá;
a Calatayud entonces
　　a toda prisa se va.
Pero el Cid Campeador
　　le persigue sin parar,
y va detrás del rey moro
　　hasta la misma ciudad [...].

EL EPISODIO DEL LEÓN

112 Estaba el Cid con los suyos
           en Valencia la mayor
y con él ambos sus yernos,
           los infantes de Carrión.
Acostado en un banco
           dormía el Campeador,
ahora veréis qué sorpresa
           mala les aconteció.
De su jaula se ha escapado
           y andaba suelto el león,
al saberlo por la corte
           un gran espanto cundió.
Embrazan sus mantos
           las gentes del Campeador
y rodean el escaño
           protegiendo a su señor.
Pero Fernando González,
           el infante de Carrión
no encuentra donde meterse,
           todo cerrado lo halló,
metióse bajo el escaño,
           tan grande era su terror.
El otro, Diego González,
           por la puerta se escapó
gritando con grandes voces:
           «No volveré a ver Carrión.»
Detrás de una gruesa viga
           metióse con gran pavor
y de allí túnica y manto
           todos sucios los sacó.
Estando en esto despierta
           el que en buenhora nació

y ve cercado el escaño
    suyo por tanto varón.
«¿Qué es esto, decid, mesnadas?
    ¿Qué hacéis aquí alrededor?»
«Un gran susto nos ha dado,
    señor honrado, el león.»
Se incorpora Mío Cid
    y de pie se levantó,
y sin quitarse ni el manto
    se dirige hacia el león,
la fiera cuando le ve
    mucho se atemorizó,
baja ante el Cid la cabeza,
    por tierra la cara hincó.
El Campeador entonces
    por el cuello le cogió,
como quien lleva a un caballo
    en la jaula lo metió.
Maravilláronse todos
    de aquel caso del león
y el grupo de caballeros
    a la corte se volvió.
Mío Cid por sus dos yernos
    pregunta y no los halló,
aunque los está llamando
    no responde ni una voz.
Cuando al fin los encontraron,
    el rostro traen sin color,
tanta broma y tanta risa
    nunca en la corte se vio,
tuvo que imponer silencio
    Mío Cid Campeador.

Avergonzados estaban
        los infantes de Carrión,
gran pesadumbre tenían
        de aquello que les pasó [...].

II. POESÍA POPULAR Y TRADICIONAL

HEMOS escogido seis jarchas, las tres primeras de fuentes hebreas y las tres últimas de fuentes árabes. En todos los ejemplos incluimos la traducción del fragmento final de la poesía que servía de marco a la pequeña composición mozárabe. Hay que tener en cuenta que, como los árabes no transcriben las vocales, a veces no resulta fácil descifrar su verdadero contenido. La forma antigua de la jarcha va acompañada de una versión en castellano moderno para facilitar su lectura.

La selección de villancicos refleja su variedad de contenidos. Así tenemos cantos de trabajo (II. 2. 14, 35), de fiesta (II. 2. 22, 37, 38), de boda (II. 2. 39), picarescos (II. 2. 5, 31, 37), de celebración de la primavera (II. 2. 6, 24) o simplemente lúdicos (II. 2. 4, 40). La mayoría, sin embargo, son de tema amoroso. Algunos están en boca de un hombre (II. 2. 1, 3, 25), pero la mayor parte tiene protagonista femenino, que se confiesa a su madre (II. 2. 15, 18, 19, 26), expresa su pasión (II, 2. 7, 23, 27), elogia su propia belleza (II, 2. 33, 34), se preocupa, sin que falten los celos, por la tardanza del amado (II. 2. 15, 16, 17, 18), le invita al alba a encontrarse con ella o a marcharse (II. 2. 8, 9), y, en fin, no falta tampoco un cautivador e ingenuo erotismo (II. 2. 10, 11, 12).

Los romances elegidos pretenden representar las diversas modalidades del género, que ya se han establecido. Los tres primeros son de invención y los tres siguientes, históricos; el último es un ejemplo de la tradición oral moderna, porque el pueblo siguió cantando fielmente durante muchos siglos estas composiciones. En un caso (II. 3. 3), hemos incluido dos versiones, una más corta y puramente lírica, y otra más larga y más expresionista, como ejemplo de cómo en su circulación oral los romances llegaban a alterarse mucho. Nótese, por lo demás, la abundancia de elementos fantásticos y el carácter pendenciero y bravucón del Cid, tan distinto a la figura equilibrada y sensata del Cantar *(II. 3. 4), el tono elegíaco reforzado por el estribillo (II. 3. 5), y, por último, el animado tono narrativo de todos ellos, basado, al igual que la lírica popular, en repeticiones, contraposiciones y enumeraciones.*

* * *

II. 1
JARCHAS
II. 1. 1

La graciosa gacela daría su vida por ti. Esta doncella nos narra su propia historia: cuando su querubín huye volando, ella no puede contener las lágrimas; ante sus compañeras ha exclamado amargamente y ha confesado su amor:

> Garid vos, ay yermanelas,
> com' contener é meu mali?
> Sin el habib non vivireyu
> ed volarey demandari.

(«Decid vosotras oh, hermanillas, ¿cómo refrenaré mi dolor? Sin el amado yo no viviré, y volaré a buscarlo.»)

II. 1. 2

Mi corazón se desgarra por una cervatilla que tiene sed de verle. Hacia el cielo levanta esta cervatilla su puro rostro lleno de lágrimas. El día en que le dijeron: «Está enfermo tu amigo», exclamó con amargura:

> Vayse meu corachón de mib,
>   ¿ya Rab, si se me tornarád?
> ¡Tan mal meu doler li-l-habib
>   Enfermo yed, ¿cuándo sanarád?

(«Mi corazón se va de mí. Oh Dios, ¿acaso se me tornará? ¡Tan fuerte mi dolor por el amado! Enfermo está, ¿Cuándo sanará?»)

II. 1. 3

Y cuando el amigo llega, ella canta a la luz de sus mejillas:

> Al-sabah bono, garme d'ón venis.
>   Ya l'-y-se que otri amas,
> a mibi non queris.

(«Aurora buena, dime de dónde vienes. Ya lo sé que a otra amas: a mí no me quieres.»)

II. 1. 4

*¡A cuánta hermosa moza su ausencia desvela,
y con ardientes ansias le canta su pena,
pues cuando el alba luce tenerlo quisiera!:*

> Non dormiréyo, mamma;
> a rayyo de manyana,
> Ben Abu-l-Qasim,
> la faze de matrana.

(«No dormiré, madre; al rayar la mañana, viene Abul-l-Qasim con su rostro de aurora.»)

II. 1. 5

Una doncella donosa y gallarda
canta en palabras de lengua cristiana
verse de tanta hermosura privada:

> ¿Ke faréyo'o ke sérad de mibe?
> ¡Habibi, non te tolgas de mibe!

(«¿Qué haré o qué será de mí? ¡Amigo mío, no te vayas de mi lado!»)

II. 1. 6

Una muchacha, que de amor presa
sufre desdenes y sufre ausencia,
así llorando cantó su pena:

> Benid la Pasqa, ay,
> aún sin elle
> lasrando mew qorazun
> por elle.

(«Viene la Pascua, ay, aún sin él, rasgando mi corazón por él.»)

II. 2
VILLANCICOS
II. 2. 1

Suspirando iba la niña,
y no por mí,
que yo bien se lo conocí.

II. 2. 2

Que no me los ame nadie
a los mis amores, ¡eh!;
que no me los ame nadie,
que yo me los amaré.

II. 2. 3

Vuestros son mis ojos,
Isabel,
vuestros son mis ojos
y mi corazón también.

II. 2. 4

Por aquí, por allí, por allá,
anda la niña en el azahar;
por acá, por allí, por aquí,
anda la niña en el toronjil[1].

---

[1] *toronjil:* planta herbácea de flores blancas.

II. 2. 5

  Pinguele, respinguete,
  ¡qué buen San Juan es éste!

  Fuese mi marido
  a Seo del Arzobispo;
5 dejárame un hijo
  y hallóme cinco.
  ¡Qué buen San Juan es éste!

  Dejárame un hijo
  y hallóme cinco;
10 dos hube en el Carmen
  y dos en San Francisco.
  ¡Que buen San Juan es éste!

II. 2. 6

  Entra mayo y sale abril,
  tan garridico[2] le vi venir.

  Entra mayo con sus flores,
  sale abril con sus amores,
5 y los dulces amadores
  comienzan a bien servir.

II. 2. 7

  Perdíme por conoceros,
  ojos morenos,
  perdíme por conoceros.

---

[2] *garrido:* robusto, hermoso, elegante.

II. 2. 8

Al alba venid, buen amigo,
al alba venid.

Amigo el que yo más quería,
venid al alba del día.

5   Amigo el que yo más amaba,
venid a la luz del alba.

Venid a la luz del día,
no traigáis compañía.

Venid a la luz del alba,
10 no traigáis gran compaña.

II. 2. 9

Ya cantan los gallos,
amor mío, y vete:
cata que amanece.

Vete, alma mía,
5   más tarde no esperes,
no descubra el día
los nuestros placeres.
Cata que los gallos,
según me parece,
10 dicen que amanece.

II. 2. 10

Que no me desnudéis,
amores de mi vida;
que no me desnudéis,
que yo me iré en camisa.

5 Entrasteis, mi señora,
en el huerto ajeno,
cogisteis tres pericas
del peral del medio,
dejaredes[3] la prenda
10 de amor verdadero.
Que no me desnudéis,
que yo me iré en camisa.

II. 2. 11

En la fuente del rosel,
lavan la niña y el doncel[4].

En la fuente de agua clara,
con sus manos lavan la cara
5 él a ella y ella a él:
lavan la niña y el doncel.
En la fuente del rosel,
lavan la niña y el doncel.

---

[3] *dejaredes:* dejasteis.
[4] *doncel:* joven.

II. 2. 12

Un mal ventezuelo
me alzó las faldas:
¡tira allá, mal viento,
que me las alzas!

II. 2. 13

Airecillo en los mis cabellos,
y aire en ellos.

II. 2. 14

Tres morillas me enamoran
en Jaén:
Axa y Fátima y Marién.

Tres morillas tan garridas
5 iban a coger olivas,
y hallábanlas cogidas
en Jaén,
Axa y Fátima y Marién.

Y hallábanlas cogidas,
10 y tornaban desmaídas[5]
y las colores perdidas
en Jaén,
Axa y Fátima y Marién.

---

[5] *desmaídas:* desmarridas, asustadas.

Tres moricas tan lozanas,
15 tres moricas tan lozanas,
iban a coger manzanas
a Jaén,
Axa y Fátima y Marién.

II. 2. 15

Aquel pastorcico, madre,
que no viene
algo tiene en el campo
que le duele.

II. 2. 16

Si la noche hace oscura
y tan corto es el camino,
¿cómo no venís, amigo?

II. 2. 17

Buscad, buen amor,
con qué me halaguéis,
que mal enojada me tenéis.

Anoche, amor,
5 os estuve aguardando,
la puerta abierta,
candelas quemando;
y vos, buen amor,
con otra holgando:
10 ¡que mal enojada me tenéis!

II. 2. 18

¡Ay, que no era,
mas ay, que no hay
quien de mi pena se duela!

Madre, la mi madre,
5 el mi lindo amigo
moricos de allende
lo llevan cautivo;
cadenas de oro,
candado morisco.

10 ¡Ay, que no era,
mas ay, que no hay
quien de mi pena se duela!

II. 2. 19

No me firáis[6], madre,
yo os lo diré:
mal de amores he.

Madre, un caballero
5 de casa del rey
siendo yo muy niña,
pidióme la fe;
dísela yo, madre,
no lo negaré.
10 Mal de amores he.

No me firáis, madre,
yo os lo diré:
mal de amores he.

---

[6] *firáis:* hiráis, peguéis.

II. 2. 20

Peinarme quiero yo, madre,
porque sé
que a mis amores veré.

II. 2. 21

Perdida traigo la color:
todos me dicen que lo he de amor.

II. 2. 22

Viniendo de la romería
encontré a mi buen amor;
pidiérame tres besicos.

II. 2. 23

En el campo nacen flores
y en el alma los amores.

II. 2. 24

Ya florecen los árboles, Juan;
¡mala seré de guardar!

Ya florecen los almendros
y los amores con ellos,
5 Juan,
¡mala seré de guardar!

Ya florecen los árboles, Juan;
¡mala seré de guardar!

II. 2. 25

Si eres niña y has amor
¿qué harás cuando mayor?

II. 2. 26

—Meterte quiero yo monja,
hija mía y de mi corazón.
—Que no quiero ser monja, no.

II. 2. 27

¿A quién contaré yo mis quejas,
mi lindo amor?
¿A quién contaré yo mis quejas,
si a vos no?

II. 2. 28

¿Ahora que sé de amor
me metéis monja?
¡Ay, Dios, qué grave cosa!

Ahora que sé de amor
5 de caballero
¿ahora me metéis monja
en el monasterio?
¡Ay, Dios, qué grave cosa!

II. 2. 29

Besóme el colmenero,
que a la miel me supo el beso.

II. 2. 30

Porque te besé, carillo,
me riñó mi madre a mí:
torna el beso que te di.

II. 2. 31

—Dime, pajarito, que estás en el nido:
la dama besada, ¿pierde marido?
—No, la mi señora, si fue en escondido.

II. 2. 32

¡Quedito, no me toquéis,
entrañas mías,
que tenéis las manos frías!

II. 2. 33

Aunque soy morena,
no soy de olvidar,
que la tierra negra
pan blanco suele dar.

II. 2. 34

Aunque soy morenita un poco,
no me doy nada:
con el agua del almendruco
me lavo la cara.

II. 2. 35

Dábale con el azadoncico
dábale con el azadón.

II. 2. 36

—Muele, molinico,
molinico del amor.
—Que no puedo moler, no.

II. 2. 37

A coger el trébol, damas,
la mañana de San Juan,
a coger el trébol, damas,
que después no habrá lugar.

II. 2. 38

Yo no sé cómo bailan aquí
que en mi tierra no bailan así.

II. 2. 39

A la novia y al novio
les guarde Dios,
y al que no dijere «amén»
no le guarde, no.

II. 2. 40

Cucurucú cantaba la rana,
cucurucú debajo del agua;
cucurucú, mas ¡ay! que cantaba,
cucurucú debajo del agua.

II. 3
ROMANCERO
II. 3.1

ROMANCE DE LA ENAMORADA DIFUNTA

    Yo me partiera de Francia
fuérame a Valladolid,
Me encontré con un palmero
romero tan gentil.
5 «¡Ay! dígasme tú, el palmero,
romero tan gentil,
nuevas de mi enamorada,
si me las sabrás decir.»
Respondióme con nobleza,
10 él me habló y dijo así:
«¿Dónde vas, el escudero,
triste, cuitado de ti?
Muerta es tu enamorada,
muerta es, que yo la vi;
15 ataúd lleva de oro
y las andas[7] de un marfil,
la mortaja que llevaba
es de un paño de París,
las antorchas que la llevan,
20 triste, yo las encendí.
Yo estuve en la muerte de ella,
triste, cuitado de mí,
y de ti lleva mayor pena
que de la muerte de sí.»

---

[7] *andas:* féretro, ataúd.

25 Cuando esto oí yo, cuitado,
a caballo iba y caí.
Una visión espantosa
delante mis ojos vi;
me habló por consolarme
30 me habló y dijo así:
«No temas, el escudero
no tengas miedo de mí:
yo soy la tu enamorada,
la que penaba por ti.
35 Ojos con que te miraba
vida, no los traigo aquí,
brazos con que te abrazaba
bajo tierra los metí.»
«Muéstrame tu sepultura
40 y me enterraré con ti.»
«Viváis vos, el caballero,
viváis vos pues yo morí.
De las cosas de este mundo
haced algún bien por mí.
45 Tomad pronto otra amiga
y no me olvidéis a mí,
que no podéis hacer vida
señor, sin estar así.»

II. 3. 2

LANZAROTE Y EL ORGULLOSO

Nunca fuera caballero
de damas tan bien servido
como fuera Lanzarote
cuando de Bretaña vino,

5 que dueñas[8] curaban de él,
doncellas del su rocino[9].
Esa dueña Quintañona,
ésa le escanciaba el vino,
la linda reina Ginebra
10 se lo acostaba consigo;
y estando al mejor sabor,
que sueño no había dormido,
la reina toda turbada
un pleito ha conmovido:
15 —Lanzarote, Lanzarote,
si antes hubieras venido,
no hablara el orgulloso
las palabras que había dicho:
que a pesar de vos, señor,
20 se acostaría conmigo.
Ya se arma Lanzarote
de gran pesar conmovido,
despídese de su amiga,
pregunta por el camino.
25 Topó con el orgulloso
debajo de un verde pino,
combátense de las lanzas,
a las hachas han venido.
Ya desmaya el orgulloso,
30 ya cae en tierra tendido.
Cortárale la cabeza,
sin hacer ningún partido;
vuélvese para su amiga
donde fue bien recibido.

---

[8] *dueñas:* señoras, mujeres de edad.
[9] *rocino:* rocín, burro.

II. 3. 3

ROMANCE DEL PRISIONERO
(versión breve)

    Por el mes era de mayo,
    cuando hace la calor,
    cuando canta la calandria[10]
    y responde el ruiseñor,
 5 cuando los enamorados
    van a servir al amor,
    sino yo, triste cuitado,
    que vivo en esta prisión,
    que ni sé cuándo es de día,
10 ni cuándo las noches son,
    sino por una avecilla
    que me cantaba al albor:
    matómela un ballestero;
    ¡déle Dios mal galardón!

II. 3. 4

ROMANCE DEL PRISIONERO
(versión extensa)

    Por el mes era de mayo,
    cuando hace la calor,
    cuando canta la calandria
    y responde el ruiseñor,

---

[10] *calandria:* ave parecida a la alondra.

5   cuando los enamorados
    van a servir al amor,
    sino yo, triste cuitado,
    que vivo en esta prisión,
    que ni sé cuándo es de día,
10 ni cuándo las noches son,
    sino por una avecilla
    que me cantaba al albor.
    Matómela un ballestero
    ¡Déle Dios mal galardón!
15 Cabellos de mi cabeza
    lléganme al corvejón[11],
    los cabellos de mi barba
    por manteles tengo yo,
    las uñas de las mis manos
20 por cuchillo tajador[12].
    Si lo hacía el buen rey,
    hácelo como señor,
    si lo hace el carcelero,
    hácelo como traidor.
25 Mas quien ahora me diese
    un pájaro hablador,
    siquiera fuese calandria,
    o tordico, o ruiseñor,
    criado fuese entre damas
30 y avezado[13] a la razón,
    que me lleve una embajada
    a mi esposa Leonor:
    que me envíe una empanada,
    no de trucha, ni salmón,

---

[11] *corvejón:* articulación de las rodillas.
[12] *tajador:* cortador, que corta bien.
[13] *avezado:* acostumbrado, que entiende.

II. 3. 5

ROMANCE DEL CID RUY DÍAZ

    Cabalga Diego Laínez
al buen rey besar la mano
consigo se los llevaba
los trescientos hijosdalgo
5 entre ellos iba Rodrigo,
el soberbio castellano.
Todos cabalgan a mula,
sólo Rodrigo a caballo,
todos visten oro y seda,
10 Rodrigo va bien armado,
todos espadas ceñidas,
Rodrigo estoque[14] dorado,
todos con sendas varicas,
Rodrigo lanza en la mano,
15 todos guantes olorosos,
Rodrigo guante mallado,
todos sombreros muy ricos,
Rodrigo casco afilado
y encima del casco lleva
20 un bonete[15] colorado.

---

[14] *estoque:* un tipo de espada que hoy usan los toreros.
[15] *bonete:* una especie de sombrero.

Andando por su camino,
unos con otros hablando,
allegados son a Burgos,
con el rey se han encontrado.
25 Los que vienen con el rey
entre sí van razonando;
unos lo dicen de quedo[16],
otros lo van preguntando:
—Aquí viene, entre esta gente,
30 quien mató al conde Lozano[17].
Como lo oyera Rodrigo
en hito los ha mirado,
con alta y soberbia voz
de esta manera ha hablado:
35 —Si hay alguno entre vosotros
su pariente o adeudado
que se pese de su muerte,
salga luego a demandarlo,
yo se lo defenderé,
40 quiera pie, quiera caballo.
Todos responden a una:
—Demándelo su pecado.
Todos se apearon juntos
para al rey besar la mano,
45 Rodrigo se quedó solo,
encima de su caballo;
entonces habló su padre,
bien oiréis lo que ha hablado:
—Apeaos vos, mi hijo
50 besaréis al rey la mano
porque él es vuestro señor,
vos, hijo, sois su vasallo.

---

[16] *de quedo:* en voz baja.
[17] El conde Lozano murió en duelo con el Cid.

Desque Rodrigo esto oyó
sintióse más agraviado,
55 las palabras que responde
son de hombre muy enojado:
—Si otro me lo dijera
ya me lo hubiera pagado,
mas por mandarlo vos, padre,
60 yo lo haré de buen grado.
Ya se apeaba Rodrigo
para al rey besar la mano;
al hincar de la rodilla
el estoque se ha arrancado;
65 espantóse de esto el rey
y dijo como turbado:
—Quítate, Rodrigo, allá,
quítateme allá, diablo,
que tienes el gesto de hombre
70 y los hechos de león bravo.
Como Rodrigo esto oyó
aprisa pide el caballo;
con una voz alterada
contra el rey así ha hablado:
75 —Por besar mano de rey
no me tengo por honrado,
porque la besó mi padre
me tengo por afrentado.
En diciendo estas palabras
80 salido se ha del palacio,
consigo se los tornaba
los trescientos hijosdalgo.
Si bien vinieron vestidos,
volvieron mejor armados,
85 y si vinieron en mulas,
todos vuelven en caballos.

II. 3. 6

ROMANCE DE LA PÉRDIDA DE ALHAMA

Paseábase el rey moro
por la ciudad de Granada
desde la puerta de Elvira
hasta la de Vivarambla
5   —*¡Ay de mi Alhama!*
Cartas le fueron venidas
que Alhama era ganada.
Las cartas echó en el fuego,
y al mensajero matara.
10   —*¡Ay de mi Alhama!*
Descabalga de una mula
y en un caballo cabalga;
por el Zacatín arriba
subido se había al Alhambra.
15   —*¡Ay de mi Alhama!*
Como en el Alhambra estuvo,
al mismo punto mandaba
que se toquen sus trompetas,
sus añafiles[18] de plata.
20   —*¡Ay de mi Alhama!*
Y que las cajas de guerra
aprisa toquen el arma,
porque lo oigan sus moros,
los de la vega y Granada.
25   —*¡Ay de mi Alhama!*
Los moros, que el son oyeron
que al sangriento Marte llama,

---

[18] *añafiles:* trompetas rectas que usaban los árabes.

uno a uno y dos a dos
juntado se ha gran batalla[19].

30 —*¡Ay de mi Alhama!*
Allí habló un moro viejo,
de esta manera hablara:
—¿Para qué nos llamas, rey?
¿Para qué es esta llamada?

35 —*¡Ay de mi Alhama!*
—Habéis de saber, amigos,
una nueva desdichada:
que cristianos de braveza
ya nos han ganado Alhama.

40 —*¡Ay de mi Alhama!*
Allí habló un alfaquí[20],
de barba crecida y cana:
—¡Bien se te emplea, buen rey,
buen rey, bien se te empleara!

45 —*¡Ay de mi Alhama!*
—Mataste los Bencerrajes,
que eran la flor de Granada,
cogiste los tornadizos
de Córdoba la nombrada[21].

50 —*¡Ay de mi Alhama!*
—Por eso mereces, rey,
una pena muy doblada:
que te pierdas tú y el reino,
y aquí se pierda Granada.

55 —*¡Ay de mi Alhama!*

---

[19] *batalla:* multitud.
[20] *alfaquí:* persona sabia, entre los musulmanes.
[21] Alude esta estrofa a varios grupos y familias asesinadas por el rey.

ROMANCE DEL REY DON PEDRO EL CRUEL

Por los campos de Jerez
a caza va el rey don Pedro;
en llegando a una laguna,
allí quiso ver un vuelo.
5 Vido volar una garza,
disparóle un sacre nuevo,
remontárale un neblí[22],
a sus pies cayera muerto.
A sus pies cayó el neblí,
10 túvolo por mal agüero.
Tanto volaba la garza,
parece llegar al cielo.
Por donde la garza sube
vio bajar un bulto negro;
15 mientras más se acerca el bulto,
más temor le va poniendo,
con el abajarse tanto,
parece llegar al suelo
delante de su caballo,
20 a cinco pasos de trecho.
De él salió un pastorcico,
sale llorando y gimiendo,
la cabeza desgreñada,
revuelto trae el cabello,
25 con los pies llenos de abrojos[23]
y el cuerpo lleno de vello;

---

[22] El sacre y el neblí son aves rapaces usadas en cetrería, modo de cazar muy apreciado en la Edad Media.

[23] *abrojos:* heridas provocadas por púas de vegetales.

en su mano una culebra,
y en la otra un puñal sangriento,
en el hombro una mortaja,
30 una calavera al cuello;
a su lado, de traílla[24],
traía un perro negro,
los aullidos que daba
a todos ponían gran miedo;
35 y a grandes voces decía:
—Morirás, el rey don Pedro,
que mataste sin justicia
los mejores de tu reino;
mataste tu propio hermano,
40 el Maestre, sin consejo,
y desterraste a tu madre,
a Dios darás cuenta de ello.
Tienes presa a doña Blanca,
enojaste a Dios por ello,
45 que si tornas a quererla
darte ha Dios un heredero,
y, si no, por cierto sepas
te vendrá desmán por ello:
serán malas las tus hijas
50 por tu culpa y mal gobierno,
y tu hermano don Enrique
te habrá de heredar el reino,
morirás a puñaladas,
tu casa será el infierno.
55 Todo esto recontado,
desapareció el bulto negro.

---

[24] *de traílla:* atado con una correa.

II. 3. 8

EL CONDE OLINOS

Madrugaba el conde Olino,
mañanita de San Juan,
a darle agua a su caballo
a las orillas del mar.
5 —Mientras el caballo bebe
cantaremos un cantar:
«Camisa, la mi camisa,
quién te pudiera lavar,
lavarte y retorcerte
10 y tenderte en un rosal.»
La reina lo estaba oyendo
desde su palacio real:
—Mira, hija, cómo canta
la sirenita del mar.
15 —No es la sirenita, madre,
no es la sirenita tal,
es el hijo conde Olino,
mis amores vienen ya.
—Tus amores vienen ya,
20 yo los mandaré matar.
—Madre, si usted los matara,
a mi iban a enterrar.
Ella se murió a las once
y él a los gallos cantar,
25 y adentro día mañana
y los fueron a enterrar;
ella, como hija de reina,
la entierran al pie del altar,
y él, como hijo de conde,
30 un poquito más atrás.

Ella se volvió una oliva
y él se volvió un olivar.
La reina, desque lo supo,
luego los mandó cortar,
35 y el hombre que los cortaba
no cesaba de llorar.
Y ella se volvió paloma
y él un pajarito real.
La reina, desque lo supo,
40 luego los mandó matar,
y el hombre que los mataba
no cesaba de llorar.
Ella se volvió una garza
y él se volvió gavilán.
45 La garza, como ligera,
de un vuelo pasó el mar,
y el gavilán, como torpe,
de dos la vino a pasar.
Ella se volvió una ermita
50 y él un pequeñito altar,
y en el medio de la ermita,
la fuente del perenal.
Allí van cojos y mancos,
todos se iban a curar.
55 La reina, desque lo supo,
de seguida se fue allá:
—Hija, lávame los ojos,
lávamelos sin tardar.
—Madre, lávese cada uno,
60 del otro no será tal.
Cuando me volví oliva
me mandó usted cortar,
cuando me volví paloma
me mandó usted matar,
65 y ahora que me he vuelto santa
me viene usté a visitar.

III. POESÍA CLERICAL
(SIGLOS XIII y XIV): CUADERNA VÍA

DE las cinco grandes obras compuestas en cuaderna vía, las tres primeras, más didácticas y diáfanas, pertenecen al siglo XIII, la época de esplendor de la escuela clerical, mientras que las dos últimas, más sombrías, son del XIV. Del Libro de Alexandre *(III. 1.) presentamos tres fragmentos. En la «Introducción» el autor, tras dirigirse directamente al público al estilo juglaresco para explicarle las características de la obra, resume su argumento. En el segundo, «La visita de la reina de las amazonas», podemos ver la mezcla de elementos clásicos y medievales, típica de la falta de sentido histórico de la época. Es notable la descripción física de la reina de las amazonas. Por último, en «Viaje de Alexandre al fondo del mar» se relata el tal viaje del curioso Alejandro y cómo el rey, al criticar la soberbia de los peces, ve la paja en el ojo ajeno y no la viga en el propio.*

Berceo está representado por dos fragmentos de su obra maestra, los Milagros de Nuestra Señora. *En el primero se puede apreciar un rasgo típico del estilo berceano: su intervención en primera persona y su apelación al público. Se trata de la «Introducción» al conjunto de milagros: hasta la estrofa 15, el autor desarrolla el tópico del* locus amoenus *describiendo un paraje idílico, pero después pasa a aclarar el significado religioso simbolizado por el conjunto y por cada una de sus partes. Podremos comprobar cómo a Berceo no le faltaba formación pese a su estilo buscadamente sencillo y popular. El segundo fragmento, «Milagro IX», presenta un breve pero significativo milagro, que se ha definido como el de la humildad. Pensemos, al leerlo en el pro-*

bable regocijo que sentiría el público al escuchar cómo la Virgen amenazaba enfurecida al soberbio obispo que se atrevió a humillar a un sacerdote ignorante. Al menos en la literatura, los humildes se tomaban a veces la revancha de todas las opresiones sufridas.

Del Libro de Apolonio *se recoge un episodio significativo del carácter intelectual del protagonista («El debate de los acertijos»). Apolonio ha llegado a un reino, en el que vive su hija perdida, Tarsiana, a quien el rey ruega que divierta al extranjero. Como hace años que se separaron, no se reconocen, de modo que la hija, que ha heredado el ingenio del padre, le propone numerosos acertijos que éste resuelve con facilidad. Al final, aunque no se recoja aquí, padre e hija se reconocerán y la obra se encaminará hacia su desenlace feliz, que se remata con una «Conclusión» donde se aclara su significado moral. El lector puede probar a adivinar él mismo los acertijos, antes de leer las respuestas.*

Un crudo realismo es la nota dominante de los dos últimos textos de esta sección, ambos del siglo XIV. De ellos se han seleccionado episodios representativos de su variedad de contenidos. El primero de los elegidos del Libro de Buen Amor *(los «Consejos de don Amor») da buena cuenta del talento de Juan Ruiz para el relato picante y humorístico, a través de la historia con la que el dios Amor, que se le ha aparecido al protagonista tras sus repetidos fracasos amorosos, le ilustra con su sabiduría. El segundo («Propiedades que tiene el dinero») es una muestra de la aguda sátira social de la obra, que no perdona en absoluto a la Iglesia. El tercero es una selección del episodio de los «Amores de don Melón y doña Endrina», con la mediación de una celestina,*

Trotaconventos, que intenta ablandar a la dama mediante una de las numerosas fábulas incluidas en la obra. El último («Cantiga de la serrana...») sirve de ejemplo de las composiciones del libro en otros metros y es la grotesca historia de la agresión sexual que el protagonista sufre a manos de una zafia aldeana.

Idéntico espíritu de sátira social, aunque la gravedad haya reemplazado al humorismo, es el que anima los dos primeros fragmentos del Rimado de Palacio *de López de Ayala, dedicados a los mercaderes, representantes de las nuevas clases burguesas que se dibujan en el horizonte social, y a la ingrata vida de los reyes. Como Juan Ruiz, Ayala gustará de incluir composiciones en otros metros, de las que hemos elgido una dedicada a la Virgen. Las estrofas representativas de la última parte describen primero los sufrimientos del santo Job para aclarar después su sentido simbólico.*

* * *

III, 1
LIBRO DE ALEXANDRE

INTRODUCCIÓN
[Estrofas 1-6]

Señores, si quisiereis   mi servicio tener,
querría de buen grado   ofrecer mi mester;
de lo que sabe un hombre,   generoso ha de ser,
si no, podría en culpa   y en deshonor caer.

III. POESÍA CLERICAL (SIGLOS XIII Y XIV): CUADERNA VÍA

Traigo un mester hermoso,   no es de juglaría,
es mester sin pecado,   pues es de clerecía
hacer frases rimadas   por la cuaderna vía,
con sílabas contadas,   lo que es gran maestría.

Quien esto oír quisiere,   según mi entender,
tendrá de mí solaz,   y al cabo gran placer;
oirá grandes hazañas   de que podrá aprender,
y que muchos por ellas   lo habrán de conocer.

No un gran prólogo quiero   ni nuevas, ofrecer,
rápido a la materia   me voy ahora a acoger.
El Creador nos haga   bien dirigidos ser,
si en algo aquí pecamos,   dígnesenos valer.

Quiero escribir un libro   de un noble rey pagano,
que fue de gran valor   y corazón lozano;
conquistó todo el mundo,   lo puso bajo mano;
tenedme, si lo cumplo,   por no mal escribano.

El príncipe Alejandro,   que fue rey de Grecia,
que era franco y valiente,   y de mucha sapiencia[1],
venció a Darío y Poro,   reyes de gran potencia;
jamás con hombre vil   tuvo nunca avenencia [...].

LA VISITA DE LA REINA DE LAS AMAZONAS

[Estrofas 1863-1891]

Allí visitó al Rey   una rica reína,
señora de una tierra   que llaman Femenina.
Talestris la llamaban   desde muy pequeñina,
no tenía varón,   sino por medicina.

---

[1] *sapiencia:* sabiduría.

Trae trescientas vírgenes   en caballos ligeros,
que aceptarían lucha   con sendos caballeros;
todas eran maestras   en dar golpes certeros,
en disparar ballestas,   en herir escuderos.

Las damas amazonas   no viven con maridos,
ya que nunca en su tierra   son hombres recibidos;
tienen en sus fronteras   lugares escogidos
donde al año tres veces   yacen con sus maridos.

Si nace hija hembra,   su madre bien la cría;
si nace hijo varón,   al padre se le envía;
los unos a los otros   venden cual mercancía
de lo que en su tierra   han mayor carestía.

Todas iban vestidas   de capas traveseras,
sus ballestas al cuello,   turquesas y cerveras[2],
saetas y venablos   de diversas maneras;
todas sabían herir,   corriendo caballeras.

Como vivían siempre   de muy dura manera,
habían de hacer ellas   toda la facendera[3],
así su parte diestra   andaba más certera,
porque esa mano suele   andar la más ligera.

Usan de una treta   para bien parecer:
queman su pecho diestro,   y no puede crecer;
el otro, porque pueden   más cubierto tener,
para criar sus hijos   déjanlo engrandecer.

Hasta la media pierna   llevan su vestidura,
—¡no llegaba al suelo   ni un palmo, por mesura!—;
visten calzas ceñidas   con fuerte ligadura,
y parecen varones   en toda su hechura.

---

[2] *cerveras:* flechas envenenadas para cazar ciervos.
[3] *facendera:* las tareas en común de la tribu.

Dejemos todo esto   y la historia sigamos,
del caso de la reina   sólo en él entendamos;
gracias al Creador,   aquí sólo afirmamos
que hay tiempo y materia   para cuanto digamos.

Venía apuestamente   Talestris la reína,
ricos paños vestía,   todos de seda fina,
un azor en la mano,   que fue de la marina,
azor que por lo menos   siete mudas tenía.

Tenía muy buen cuerpo,   era muy espigada,
correa de tres palmos   su talle rodeaba,
nunca hubo en el mundo   cara más delicada,
ni podría ser nunca   ésta más mejorada.

Su frente era muy blanca,   alegre y serena,
más clara que la luna   cuando está llena,
no podría compararse   a ella Filomena[4],
de la que habla Ovidio   en una cantilena.

Tenía unas cejas   como cintas de seda,
iguales, muy abiertas,   de la nariz fronteras;
hacían una sombra   tan mansa y tan queda
que no sería comprada   por ninguna moneda.

La beldad de sus ojos   de muy fiera nobleza,
las pestañas iguales,   de una igual grandeza,
y cuando las movía,   fascinante belleza
que a cristiano perfecto   quitaba la pereza.

Tenía la nariz   tan bien dibujada
que no podría Apeles[5]   mejorarla en nada;
proporcionados labios,   la boca mesurada,
los dientes muy iguales,   blancos como cuajada.

---

[4] *Filomena:* personaje mitológico que se transformó en ruiseñor, cantado en efecto por el poeta romano Ovidio.
[5] *Apeles:* el más famoso de los pintores griegos.

Blanca era la dama, de muy fresca color,
sería un gran regalo para un emperador;
la rosa del espino, que es tan gallarda flor,
temprano y con rocío no parece mejor.

Sobre tal hermosura no quiero más contar,
me temo que si sigo a alguno haré pecar;
y de sus muchas mañas no os podría hablar
ni Orfeo[6], el que hizo los árboles cantar.

El rey Alejandro salióla a recibir,
mucho le gustó a ella cuando lo vio venir,
extendieron sus manos, llegáronlas a unir,
besáronse en los hombros por la salva[7] cumplir.

De la reina el caballo tomó el Rey por la rienda,
por mejor hospedarla llevóla a su tienda;
después que hubo comido, a hora de merienda,
entró a preguntarle el Rey por su hacienda.

«Quiero saber, oh reina, de dónde sois llegada,
y por cuya razón sois vos aquí arribada.
En cuanto vos pidáis seréis escuchada,
y vuestra petición no será rechazada.

»Si riquezas quisiereis, gracias al Criador,
os las daré con creces, con gusto y con amor;
si es morar con nosotros a muy vuestro sabor,
honraros han los griegos y éste su emperador.»

«Gracias —dijo Talestris— al Rey de la promesa,
no vine por riquezas pues no soy juglaresa,
y vivir con varones nunca mi ley me deja.
Mas quiero responderte y decirte mi queja.

---

[6] *Orfeo:* personaje mitológico famoso por la belleza de su canto que atraía y calmaba a todas las criaturas.
[7] *salva:* muestra de amistad y confiaza.

»Oí decir de ti que traes gran ventura,
que tienes seso y fuerza, esplendidez, mesura;
por temerte, el mundo vive en gran desventura,
y vine a ver el cuerpo que da tanta pavura[8].

»más, quiero un don de tu mano ganar:
tener de ti un hijo, ¡no me lo has de negar!
pues no habría en el mundo de su linaje par;
no te debes por eso contra mí disgustar.

»Si nace hijo varón, a ti lo enviaré;
si Dios de mal me libra, bien te lo cuidaré,
y hasta que haya nacido nunca cabalgaré.
Si naciese hija hembra, mi reino le daré.»

Dijo el Rey: «Pláceme. Eso haré de buen grado.»
Dio un buen salto en la selva, corrió bien el venado:
consiguió con gran gozo la reina su mandado,
y alegre y satisfecha, regresó a su reinado [...].

VIAJE DE ALEJANDRO AL FONDO DEL MAR

[Estrofas 2306-3327]

Dicen que por saber qué hacen los pescados,
cómo vivían los chicos entre los más granados,
en gran cuba de vidrio con bordes bien cerrados,
metióse Alejandro con dos de sus criados.

Fueron ésos buscados de entre aquellos mejores,
que no tuviesen tacha de malvados traidores,
así el Rey dispondría de buenos guardadores,
y contra él nada harían malos revolvedores[9].

---

[8] *pavura:* miedo, pavor.
[9] *revolvedores:* revoltosos, rebeldes.

Con buen betún la cuba   fue calafateada,
y con buenas cadenas   sujetas y amarradas,
con fuertes ligaduras   a las naves atada;
para que no se hundiese   quedó de ellas colgada.

Mandó que lo dejasen   quince días estar,
que las naves con todo   comenzasen a andar;
mientras tanto, podría   saber y meditar,
y poner por escrito   los secretos del mar.

Sumergieron la cuba   en donde el Rey yacía:
a los unos pesaba,   a los otros placía;
bien creían algunos   que de allí no saldría,
mas convencido estaba   que en mar no moriría.

Andaba el buen Rey   en su casa cerrada
—¡gran corazón estaba   en estrecha posada!—,
toda la mar veía   de pescados poblada,
no hay bestia en el mundo   que allí no fuese hallada.

No vive en el mundo   ninguna criatura
que no tenga en el mar   parecida figura;
traen enemistades   entre sí, por natura,
los fuertes a los flacos   danles mala ventura.

Entonces vio el Rey   en aquellas andadas[10]
cómo tendían los unos   a los otros celadas;
decía que allí había   presas y engañadas,
tretas que también fueron   en el mundo usadas.

Tanto allí se acercaban   al Rey los pescados
como si los tuviese   con armas dominados;
llegaban a la cuba   todos muy asustados,
temblando ante él   como mozos mojados.

---

[10] *andadas:* lugares.

Juraba Alejandro,   visto lo allí encontrado,
que nunca fue de hombres   mejor acompañado;
de los pueblos del mar   túvose por premiado,
y pensó que otro imperio   había allí ganado.

Otra acción vio allí   en esos pobladores:
notó cómo los grandes   comían los menores,
los chicos a los grandes   tenían por señores;
los fuertes maltrataban   a todos los menores.

Dijo el Rey: «La Soberbia   vive en todos lugares,
es la razón de fuerza   en la tierra y los mares.
Las aves eso mismo   hacen con sus iguales.
¡Dios confunda ese vicio   que hay en tantos lugares!

»Nació entre ángeles,   hizo a muchos caer,
se extendió por la tierra,   diole Dios gran poder;
la justicia no puede   entre ella ejercer;
escondió la cabeza,   no osa aparecer.

»Quien más puede, más hace,   no de bien, mas de mal;
quien tiene más, más quiere;   muere por más jornal;
no mira con agrado   que otro sea su igual.
¡Mal pecado!, ¡ninguno   es para Dios leal!

»Las aves y las bestias,   los hombres, los pescados
todos son entre sí   en bandos separados.
De vicio y de soberbia   son todos contagiados;
los flacos y los fuertes   andan desafiados.»

Si como todo esto,   el Rey sabía pensar,
y quisiera a sí mismo   esa ley aplicar,
bien debía un poquillo   su lengua refrenar,
y dejar sus bravatas   para otro lugar.

Con gusto hubiera el Rey   el viaje prolongado,
pero sus compañeros   estaban con cuidado,
y temiendo ocurriese   algo desventurado,
sacáronle del mar   antes de lo acordado.

Fueron con su señor   contentas las mesnadas;
todas fueron a verle,   menudas y granadas,
besábanle las manos   tres y cuatro vegadas.
Decían: «Ahora estamos,   Señor, resucitadas.»

   Dejo ahora al Rey   en las naves holgar,
quiero de su soberbia   un poquito hablar,
y dejar esta historia   un rato descansar,
aunque al fin todo   quede en su justo lugar [...].

III. 2
GONZALO DE BERCEO
MILAGROS DE NUESTRA SEÑORA

INTRODUCCIÓN

[Estrofas 1-46]

Amigos y vasallos de Dios omnipotente,
si escucharme quisierais de grado atentamente,
yo os querría contar un suceso excelente:
al cabo lo veréis tal, verdaderamente.

Yo, el maestro Gonzalo de Berceo llamado,
yendo en romería acaecí en un prado
verde, bien mantenido, de flores bien poblado,
lugar apetecible para el hombre cansado.

Daban olor soberbio las flores bien olientes,
refrescaban al par las caras y las mentes;
manaban cada canto fuentes claras corrientes,
en verano bien frías, en invierno calientes.

Gran abundancia había de buenas arboledas,
higueras y granados, perales, manzanedas,
y muchas otras frutas de diversas monedas,
pero no las había ni podridas ni acedas[11].

La verdura del prado, el olor de las flores,
las sombras de los árboles de templados sabores

---

[11] *acedas:* ácidas, agrias.

refrescáronme todo, y perdí los sudores:
podría vivir el hombre con aquellos olores.

   Nunca encontré en el mundo   lugar tan deleitoso,
ni sombra tan templada,   ni un olor tan sabroso.
Me quité mi ropilla   para estar más vicioso[12]
y me tendí a la sombra   de un árbol hermoso.

   A la sombra yaciendo   perdí todos cuidados,
y oí sones de aves   dulces y modulados:
nunca oyó ningún hombre   órganos más templados
ni que formar pudiesen   sones más acordados.

   Unas tenían la quinta   y las otras doblaban;
otras tenían el punto,   errar no las dejaban.
Al posar, al mover,   todas se acompasaban:
aves torpes o roncas   allí no se acercaban.

   No hay ningún organista,   ni hay nigún violero,
ni giga, ni salterio,   ni mano de rotero,
ni instrumento, ni lengua,   ni tan claro vocero
cuyo canto valiese   junto a éste un dinero[13].

   Pero aunque siguiéramos   diciendo sus bondades,
el diezmo no podríamos   contar ni por mitades:
tenía de noblezas   tantas diversidades
que no las contarían   ni priores ni abades.

   El prado que yo os digo   tenía otra bondad:
por calor ni por frío   perdía su beldad,
estaba siempre verde   toda su integridad,
no ajaba su verdura   ninguna tempestad.

---

[12] *vicioso:* cómodo.
[13] Descripción de la maravillosa melodía, a la que ningún instrumento se puede comparar.

En seguida que me hube en la tierra acostado
de todo mi lacerio[14] me quedé liberado,
olvidé toda cuita y lacerio pasado:
¡el que allí demorase sería bien venturado!

Los hombres y las aves cuantas allí acaecían
llevaban de las flores cuantas llevar querían,
mas de ellas en el prado ninguna mengua hacían:
por una que llevaban, tres y cuatro nacían.

Igual al paraíso me parece este prado,
por Dios con tanta gracia y bendición sembrado:
el que creó tal cosa fue maestro avisado;
no perderá su vista quien haya allí morado.

El fruto de los árboles era dulce y buscado
si Don Adán hubiese de tal fruto tomado
de tan mala manera no fuera engañado
ni tomaran tal daño Eva ni su costado.

Amigos y señores: lo que dicho tenemos
es oscura palabra: exponerla queremos.
Quitemos la corteza, en el meollo entremos,
tomemos lo de dentro, lo de fuera dejemos.

Todos cuantos vivimos y sobre pies andamos
—aunque acaso en prisión o en un lecho yazgamos—
todos somos romeros que en un camino andamos:
esto dice San Pedro, por él os lo probamos.

Mientras aquí vivimos, en ajeno moramos;
la morada durable arriba la esperamos,
y nuestra romería solamente acabamos
cuando hacia el Paraíso nuestras almas enviamos.

---

[14] *lacerio:* miseria, pobreza.

En esta romería   tenemos un buen prado
en que encuentra refugio   el romero cansado:
es la Virgen Gloriosa,   madre del buen criado
del cual otro ninguno   igual no fue encontrado.

Este prado fue siempre   verde en honestidad,
porque nunca hubo mácula   en su virginidad,
post partum et in partu[15]   fue Virgen de verdad,
ilesa e incorrupta   toda su integridad.

Las cuatro fuentes claras   que del prado manaban
nuestros cuatro evangelios   eso significaban:
que los evangelistas,   los que los redactaban,
cuando los escribían   con la Virgen hablaban.

Cuanto escribían ellos,   ella se lo enmendaba;
sólo era bien firme   lo que ella alababa:
parece que este riego   todo de ella manaba,
cuando sin ella nada   a cabo se llevaba.

La sombra de los árboles,   buena, dulce y sanía[16],
donde encuentra refugio   toda la romería,
muestra las oraciones   que hace Santa María,
que por los pecadores   ruega noche y día.

Cuantos son en el mundo,   justos y pecadores,
coronados y legos,   reyes y emperadores,
allí corremos todos,   vasallos y señores,
y todos a su sombra   vamos a coger flores.

Los árboles que hacen   sombra dulce y donosa[17]
son los santos milagros   que hace la Gloriosa,
que son mucho más dulces   que la azúcar sabrosa,
la que dan al enfermo   en la cuita rabiosa.

---

[15] «En el parto y después del parto.»
[16] *sanía:* sana.
[17] *donosa:* lleno de dones.

Y las aves que organan   entre esos frutales[18],
que tienen dulces voces,   dicen cantos leales,
esos son Agustín,   Gregorio y otros tales,
todos los que escribieron   de sus hechos reales.

Todos tenían con ella   gran amistad y amor,
en alabar sus hechos   ponían todo su ardor;
todos hablaban de ella,   cada uno a su tenor,
pero en todo tenían   todos igual fervor.

El ruiseñor que canta   por fina maestría,
y también la calandria,   hacen gran melodía;
pero cantó mejor   el barón Isaías
y los otros profetas,   honrada compañía.

Cantaron los apóstoles   por modo natural,
confesores y mártires   hacían bien otro tal;
las vírgenes siguieron   a la madre caudal;
todos ante ella cantan   canto bien festival.

Por todas las iglesias   —y esto es cada día—
cantan laudes[19] ante ella   toda la clerecía;
todos festejan y honran   a la Virgo María:
estos son ruiseñores   de gran placentería.

Volvamos a las flores   que componen el prado,
que lo hacen hermoso,   apuesto y tan templado:
las flores son los nombres   que dan en el dictado
a la Virgo María,   madre del buen criado.

Esta bendita Virgen   es estrella llamada,
estrella de los mares   y guía muy deseada;
es de los marineros   en la cuita implorada,
porque cuando la ven   la nave va guiada.

---

[18] Las aves que cantan, que simbolizan a santos, profetas y apóstoles en las siguientes estrofas.

[19] *laudes:* antiguos cantos litúrgicos de alabanza.

La llaman —y lo es— de los Cielos Reína,
templo de Jesucristo, estrella matutina,
señora natural y piadosa vecina,
de cuerpos y de almas salud y medicina.

Ella es el vellocino que fue de Gedeón
en que vino la lluvia, una grande visión;
y la llaman la honda de David el barón,
con la cual confundió al gigante felón[20].

Es llamada la fuente de quien todos bebemos,
y nos dio el alimento de quien todos comemos;
ella es llamada el puerto a quien todos corremos,
y puerta por la cual nuestra entrada atendemos.

Es llamada la puerta, en sí bien encerrada,
abierta para nos, para darnos la entrada;
ella es la paloma de hiel muy bien limpiada
en quien no cae ira, y siempre está pagada.

Ella con gran derecho es llamada Sión,
porque es nuestra atalaya y nuestra protección;
ella es llamada trono del sabio Salomón,
rey lleno de justicia, muy sapiente barón.

No existe nombre alguno que del bien no provenga
que de alguna manera con ella no se avenga;
y no hay tal que raíz en ella no la tenga:
ni Sancho ni Domingo, ni Sancha ni Domenga.

La llaman vid, y es uva, y almendra, y es granada
que de granos de gracia está toda plasmada;

---

[20] Alude primero al vellocino de oro, una piel de oro que fue robada por el héroe griego Jasón, y después al héroe bíblico David, que mató con su honda al gigante Goliat.

oliva, cedro, bálsamo,   palma verde brotada,
pértiga en la que estuvo   la sierpe[21] levantada.

   La vara que Moisés   en la mano llevaba,
que confundió a los sabios   que Faraón preciaba,
con la que abrió los mares   y después los cerraba,
si no es a la Gloriosa,   nada significaba.

   Si bien nos fijásemos   en el otro bastón
que partió la contienda   y estuvo por Aarón,
nada significaba   —lo dice la lección—
sino a la Gloriosa,   y con buena razón.

   Amigos y señores,   en vano contendemos,
estamos en gran pozo,   fondo no encontraremos:
más serían los nombres   que de ella leemos
que las flores del campo   mayor que conocemos.

   Ya dijimos arriba   que eran los frutales
en los que hacían las aves   los cantos generales
sus milagros muy santos,   grandes y principales,
a los cuales cantamos   en las fiestas caudales.

   Pero quiero dejar   los pájaros cantores,
las sombras y las aguas,   las antedichas flores:
quiero de estos frutales,   tan llenos de dulzores,
hacer algunos versos,   amigos y señores.

   Quiéromе en estos árboles   un ratito subir
—es decir, quiero algunos   milagros escribir—.
La Gloria me guíe   que lo pueda cumplir,
que solo no podría   bien airoso salir.

   Tendré por un milagro   más que hace la Gloriosa
el que quiera guiarme   a mí en esta cosa:

---

[21] *sierpe:* serpiente.

Madre llena de gracia, Reína poderosa,
guíame Tú en esto, Tú que eres piadosa [...].

MILAGRO IX
EL CLÉRIGO IGNORANTE

[Estrofas 220-238]

Érase un simple clérigo que instrucción no tenía,
la misa de la Virgen todos los días decía;
no sabía decir otra, decía ésta cada día:
más la sabía por uso que por sabiduría.

Fue este misacantano al obispo acusado
de ser idiota, y ser mal clérigo probado,
al *Save Sancta Parens*[22] tan sólo acostumbrado,
sin saber otra misa ese torpe embargado.

El obispo fue dura- mente movido a saña;
decía: «De un sacerdote nunca oí tal hazaña.»
Dijo: «Decid al hijo de la mala putaña
que ante mí se presente, no se excuse con maña.»

Ante el obispo vino el preste pecador;
había con el gran miedo perdido su color;
no podía, de vergüenza, catar a su señor:
nunca pasó el mezquino por tan duro sudor.

El obispo le dijo: «Preste, di la verdad,
dime si como dicen es tal tu necedad.»
El buen hombre le dijo: «Señor, por caridad,
si dijese que no, diría falsedad.»

---

[22] Es el comienzo de la única misa que se sabe el pobre clérigo o misacantano.

El obispo le dijo: «Ya que no tienes ciencia
de cantar otras misas,   ni sentido o potencia,
te prohíbo que cantes,   y te doy por sentencia:
por el medio que puedas   busca tu subsistencia.»

El clérigo salió   triste y desconsolado;
tenía gran vergüenza   y daño muy granado.
Volvióse a la Gloriosa   lloroso y aquejado,
que le diese consejo   porque estaba aterrado.

La Madre piadosa   que nunca le falló
a quien de corazón   a sus plantas cayó,
el ruego de su clérigo   luego se lo escuchó,
sin ninguna tardanza   luego lo socorrió.

La Virgen Gloriosa,   que es Madre sin dicción[23],
apareció al obispo   en seguida en visión;
díjole fuertes dichos,   en un bravo sermón,
y descubrióle en él   todo su corazón.

Díjole enfurecida: «Don obispo lozano,
contra mí, ¿por qué fuiste   tan fuerte y tan villano?
Yo nunca te quité   por el valor de un grano,
y tú a mi capellán   me sacas de la mano.

Porque a mí me cantaba   la misa cada día
pensaste que caía   en yerro de herejía,
lo tuviste por bestia   y cabeza vacía,
quitástele la orden   de la capellanía.

Si tú no le mandares   decir la misa mía
como solía decirla,   gran enfado tendría,
y tú estarás muerto   en el treinteno día:
¡ya verás lo que vale   la saña de María!»

---

[23] *dicción:* mancha.

Fue con esta amenaza   el obispo espantado,
y mandó luego enviar   por el preste vedado[24];
le pidió su perdón   por lo que había errado,
porque en su pleito fue   duramente engañado.

Mandóle que cantase   como solía cantar,
y que de la Gloriosa   fuese siervo en su altar:
y si algo le faltase   en vestir o en calzar,
él de lo suyo propio   se lo mandaría dar.

Volvióse el hombre bueno   a su capellanía
y sirvió a la Gloriosa   Madre Santa María;
en su oficio murió   de fin cual yo querría,
y fue su alma a la gloria,   tan dulce cofradía.

Aunque por largos años   pudiésemos durar
e infinitos milagros   escribir y rezar,
ni la décima parte   podríamos contar
de los que por la Virgen   Dios se digna mostrar [...].

---

[24] *vedado:* castigado.

III. 3
LIBRO DE APOLONIO

EL DEBATE DE LOS ACERTIJOS

[Estrofas 502-526]

Tornó al rey Tarsiana haciendo sus trobetes[25],
tocando su viola, cantando sus versetes.
Dijo: «Esto, hombre bueno, que tú a mi me prometes,
téntelo para ti si en razón no te metes.

Unas pocas preguntas te quiero preguntar.
Si tú me las supieses en razón contestar
llevaré la ganancia que me mandaste dar;
si no me respondieres quiérotela dejar.»

Tuvo el rey duda que si la desdeñase,
qué idearían cuando la cosa les sonase.
Y con tal que la hiciera, que su haber cobrase,
volvióse hacia ella, mandó que preguntase.

«Dime cuál es la casa» preguntó la criada,
que nunca se está quieta, siempre anda agitada,
los huéspedes son mudos, da voces la posada.
Si esto adivinases te quedaré obligada.»

«Esto «dijo Apolonio», yo lo voy ideando;
el río es la casa que corre murmurando,
Los peces son los huéspedes que siempre están callando.
Ésta está terminada, ve otra preguntando.»

---

[25] *trobetes:* composiciones; de «trobar» hacer versos.

«Parienta soy del agua, amiga soy del río,
hago hermosas crines, bien altas las envío.
Del blanco hago negro, que es oficio mío.
Ésta es más grave, según que yo fío.»

«Parienta es del agua mucho la cañavera,
cerca de ella se cría, es cosa verdadera;
tiene crines hermosas, altas de gran manera,
con ella hacen libros. Pregunta la tercera.»

«Hija soy de los montes, ligera por natura,
rompo y nunca dejo señal de la rotura,
guerreo con los vientos, nunca ando segura.»
«Las naves», dijo el rey, «traen esa figura.»

«Bien», dijo Tarsiana, «a esto has respondido;
parece bien que eres clérigo entendido.
Mas por Dios te ruego, pues que lo has comprendido,
te ruego no te canses y tente por guarido[26].

»Entre grandes hogueras que dan gran calentura,
yace cosa desnuda, huésped sin vestidura,
ni la daña el calor, ni el frío le perdura.
Ésta puedes jurar que es razón muy oscura.»

Entonces dijo el rey: «Yo mismo me lo haría
si fuese tan alegre como ser solía;
para entrar en los baños yo desnudo estaría.
Hablar de tan vil cosa parece bobería.»

«No tengo pies, ni manos, ni otro intestino,
dos dientes tengo sólo, corvos como el hocino[27],
hago al que me trae hincar en el camino.»
«Tú hablas del ancla», dijo el peregrino.

---

[26] *guarido:* curado.
[27] *hocino:* instrumento parecido a la hoz.

«Nací de madre dura,   soy suave como lana,
engordóme el río   que soy por mí liviana:
cuando preñada estoy   parezco casi rana.»
«Tú hablas de la esponja»   dijo el rey,   «hermana.»

Habló Tarsiana; dijo: «Ya más alegre oteo,
a bien vendrá la cosa   según que yo lo creo,
Dios me dará consejo,   que buenos signos veo,
aun por ventura   veré lo que deseo.

»Tres preguntas yo tengo   que son fáciles preces[28].
Por tan pequeña cosa   por Dios no te empereces[29].
Si contestar quisieres   yo te daré las veces.»

«Nunca vi», dijo el rey,   «tan porfiada glosa,
así Dios me bendiga   que eres muy enojosa.
Si más de tres dijeres   serías mentirosa.
No te esperaría   más por ninguna cosa.»

«De dentro soy vellosa   y de fuera raída,
siempre traigo en el seno   mi crin bien escondida;
ando de mano en mano,   me traen escarnecida;
cuando van a comer   ninguno me convida».

«Cuando entré en Pentapolin,   todo desbaratado,
si no fuese por ésa   iría lacerado[30].
Fui del rey Architrastes   por ella honrado;
si no, no me hubiera   a comer convidado[31].»

---

[28] *preces:* honores; es decir: «Que te darán fácilmente honor».
[29] *no te empereces:* no te de pereza.
[30] *lacerado:* desdichado.
[31] Está hablando de la vihuela, un instrumento de cuerda que Apolonio sabía tocar tan bien que un rey le acogió en su palacio al oírle.

«Ni soy negro ni blanco,   ni he color verdadero,
ni lengua con que hable   un proverbio señero[32],
mas sé vencer a todos,   siempre soy pendenciero,
valgo en el mercado   apenas un dinero.

«Dalo por poco precio   el bufón el espejo;
ni es rubio ni negro,   ni blanco ni bermejo;
el que en él se mira   ve su mismo bosquejo,
vence a altos y a bajos   en un afán parejo.

«Cuatro hermanas somos,   bajo un techo moramos,
corremos en parejas,   siempre nos acosamos,
andamos cada día,   nunca nos alcanzamos,
yacemos abrazadas,   mas nunca nos juntamos.»

«Fácil de contestar   es ésta tu cuestión,
que las cuatro hermanas   las cuatro ruedas son,
dos a dos enlazadas   tíralas un timón,
andan y no se juntan en ninguna ocasión.»

Quísole aún otra   pregunta demandar,
bastante ella lo quiso   en la cuenta engañar;
mas supo cuántas eran   Apolonio contar,
díjole que cesase   y que estuviese en paz.

«Amiga», dijo, «debes   estar de mí obligada,
de cuanto tú pediste   bien fuiste contestada;
y te quiero yo aún   añadir la soldada;
toma luego el camino,   más no me digas nada.

»Querríasme, bien lo veo,   volver a la alegría,
más por ninguna cosa   no te lo sufriría.
Tendríalo a engaño   toda mi compañía;
además mi palabra   por nada cambiaría.» [...].

---

[32] *señero:* único.

CONCLUSIÓN DEL LIBRO

[Estrofas 651-666]

Muerto está Apolonio, todos morir debemos;
por aquello que amamos el final no olvidemos.
Por lo que aquí hiciéremos allá recibiremos,
allá iremos todos, siempre de aquí saldremos.

Lo que aquí dejamos otro lo logrará;
lo que nos excusáramos eso no nos dará[33];
lo que por nos hiciéremos eso nos salvará,
pues lo que hiciere otro tarde nos llegará.

Lo que por nuestras almas en la vida suframos
bien lo querrán alzar los que vivos dejamos;
nosotros por los muertos que son, raciones damos;
no darán por nosotros cuando muertos seamos.

Los hombres con envidia perdemos los sentidos,
echamos el bien hecho muy atrás en olvidos,
guardamos para otro sin ser agradecidos,
el haber tendrá otro, somos escarnecidos.

Dejemos la palabra, la razón no alarguemos,
pocos serán los días que aquí moraremos.
Cuando de aquí salgamos, ¿qué ropa llevaremos
si no al festín de Dios, de aquél en que creemos?

El Señor que gobierna los vientos y la mar,
Él nos dé la su gracia y Él se digne guiar;
y así nos deje tales cosas pensar y obrar
que por la su merced podamos escapar.

El que tuviere seso responda y diga amén.

Amén Deus.

---

[33] «No servirá para nada disculparse por lo no hecho.»

III. 4
JUAN RUIZ
LIBRO DE BUEN AMOR

CONSEJOS DE DON AMOR: ES NECESARIO PRESTAR LA SUFICIENTE ATENCIÓN A LA DAMA. EJEMPLO DE PITAS PAYAS

[Estrofas 472-488]

No abandones tu dama, no dejes que esté quieta,
siempre requieren uso mujer, molino y huerta;
no quieren en su casa pasar días de fiesta,
no quieren el olvido; cosa probada y cierta.

Es cosa bien segura: molino andando gana,
huerta mejor labrada da la mejor manzana,
mujer muy requerida anda siempre lozana;
con estas tres verdades no obrarás cosa vana.

Dejó uno a su mujer (te contaré la hazaña);
si la estimas en poco, cuéntame otra tamaña).
Era don Pitas Payas un pintor de Bretaña,
casó con mujer joven que amaba la compaña.

Antes del mes cumplido dijo él: —Señora mía,
a Flandes quiero ir, regalos portaría.
Dijo ella: —Monseñor, escoged vos el día,
mas no olvidéis la casa ni la persona mía.

Dijo don Pitas Payas: —Dueña de la hermosura,
yo quiero en vuestro cuerpo pintar una figura
para que ella os impida hacer cualquier locura.
Contestó: —Monseñor, haced vuestra mesura.

Pintó bajo su ombligo   un pequeño cordero
y marchó Pitas Payas   cual nuevo mercadero;
estuvo allá dos años,   no fue azar pasajero.
Cada mes a la dama   parece un año entero.

   Hacía poco tiempo   que ella estaba casada,
había con su esposo   hecho poca morada[34];
un amigo tomó   y estuvo acompañada,
deshízose el cordero,   ya de él no queda nada.

   Cuando supo la dama   que venía el pintor,
muy de prisa llamó   a su nuevo amador;
dijo que le pintase,   cual supiese mejor,
en aquel lugar mismo   un cordero menor.

   Pero con la gran prisa   pintó un señor carnero,
cumplido de cabeza,   con todo un buen apero[35].
Luego, al siguiente día,   vino allí un mensajero:
que ya don Pitas Payas   llegaría ligero.

   Cuando al fin el pintor   de Flandes fue venido,
su mujer, desdeñosa,   fría le ha recibido:
cuando ya en su mansión   con ella se ha metido,
la señal que pintara   no ha echado en olvido.

   Dijo don Pitas Payas: —Madona[36], perdonad,
mostradme la figura   y tengamos solaz.
—Monseñor —dijo ella—,   vos mismo la mirad:
todo lo que quisieres   hacer, hacedlo audaz.

   Miró don Pitas Payas   el sabido lugar
y vio aquel gran carnero   con armas de prestar.
—¿Cómo, madona, es esto?   ¿Cómo puede pasar
que yo pinté corder   y encuentro este manjar?

---

[34] Es decir: había vivido poco tiempo junto a su marido.
[35] *apero:* en general «instrumento»; aquí, «cornamenta».
[36] *madona:* señora.

»Como en estas razones   es siempre la mujer
sutil y mal sabida,   dijo: —¿Qué, monseñor?
¿Petit[37] corder, dos años,   no se ha de hacer carner?
Si no tardaseis tanto   aún sería corder.

Por tanto, ten cuidado,   no abandones la pieza,
no seas Pitas Payas,   para otro no se cueza;
incita a la mujer   con gran delicadeza
y si promete al fin,   guárdate de tibieza.

PROPIEDADES QUE TIENE EL DINERO

[Estrofas 490-514]

Hace mucho el dinero,   mucho se le ha de amar;
al torpe hace discreto,   hombre de respetar,
hace correr al cojo,   al mudo le hace hablar;
el que no tiene manos   bien lo quiere tomar.

Aun al hombre necio   y rudo labrador
dineros le convierten   en hidalgo doctor;
cuanto más rico es uno,   más grande es su valor,
quien no tiene dineros   no es de sí señor.

Si tuvieres dinero   tendrás consolación,
placeres y alegrías   y del Papa ración[38],
comprarás Paraíso,   ganarás salvación:
donde hay mucho dinero   hay mucha bendición.

Yo vi en corte de Roma,   do está la Santidad,
que todos al dinero   tratan con humildad,
con grandes reverencias,   con gran solemnidad;
todos a él se humillan   como a la Majestad.

---

[37] *petit:* pequeño.
[38] *ración:* honores.

Creaba los priores los obispos, abades,
arzobispos, doctores, patriarcas, potestades[39];
a los clérigos necios dábales dignidades,
de verdad hace mentiras; de mentiras, verdades.

Hacía muchos clérigos y muchos ordenados,
muchos monjes y monjas, religiosos sagrados,
el dinero les daba por bien examinados:
a los pobres decían que no eran ilustrados.

Ganaba los juicios, daba mala sentencia,
es del mal abogado segura mantenencia,
con tener malos pleitos y hacer mala avenencia:
a fin, con los dineros se borra penitencia.

El dinero quebranta las prisiones dañosas,
rompe cepos y grillos, cadenas peligrosas;
al que no da dinero le ponen las esposas.
¡Hace por todo el mundo cosas maravillosas!

He visto maravillas donde mucho se usaba:
al condenado a muerte la vida le otorgaba,
a otros inocentes, muy luego[40] los mataba;
muchas almas perdía, muchas almas salvaba.

Hace perder al pobre su cabaña y su viña,
sus muebles y raíces, todo lo desaliña[41];
por todo el mundo anda su sarna y su tiña;
donde el dinero juega allí el ojo guiña.

Él hace caballeros de necios aldeanos,
condes y ricos hombres de unos cuantos villanos;
con el dinero andan los hombres muy lozanos,
cuantos hay en el mundo le besan hoy las manos [...].

---

[39] Son distintas categorías eclesiásticas.
[40] *muy luego:* al instante, inmediatamente.
[41] *desaliña:* descompone, desarregla.

Yo he visto a muchos monjes en sus predicaciones
rechazar el dinero y las sus tentaciones,
pero, al fin, por dinero otorgan los perdones,
absuelven los ayunos y ofrecen oraciones [...].

Dicen frailes y clérigos que aman a Dios servir,
mas si huelen que el rico está para morir
y oyen que su dinero empieza a reteñir,
por quien ha de cogerlo empiezan a reñir [...]

Toda mujer del mundo, aunque dama de alteza.
págase[42] del dinero y de mucha riqueza,
nunca he visto una hermosa que quisiera pobreza:
donde hay mucho dinero allí está la nobleza.

El dinero es alcalde y juez muy alabado,
es muy buen consejero y sutil abogado,
alguacil y merino[43], enérgico, esforzado;
de todos los oficios es gran apoderado.

En resumen lo digo, entiéndelo mejor:
el dinero es del mundo el gran agitador,
hace señor al siervo y siervo hace al señor;
toda cosa del siglo se hace por su amor.

Por dineros se muda el mundo y su manera,
toda mujer cuando algo desea es zalamera,
por joyas y dineros andará a la carrera;
el dar quebranta peñas, corta dura madera.

---

[42] *pagarse de:* aficionarse a.
[43] *merino:* oficial de justicia.

III. POESÍA CLERICAL (SIGLOS XIII Y XIV): CUADERNA VÍA

AMORES DE DON MELÓN
Y DOÑA ENDRINA

[Estrofas 653-761]

¡Ay, Dios, cuán hermosa viene
            doña Endrina por la plaza!
¡Ay, qué talle, qué donaire,   que alto cuello de garza!
¡Qué cabellos, qué boquita,
            qué color, qué buenandanza!

Pero tal lugar no era   para conversar de amores;
acometiéronme luego   muchos miedos y temblores,
los mis pies y las mis manos   no eran de sí señores,
perdí seso, perdí fuerza,   mudáronse mis colores.

Unas palabras tenía   pensadas para decir,
la vergüenza ante la gente   otras me hace proferir;
apenas era yo mismo,   sin saber por dónde ir;
mis dichos y mis ideas   no conseguían seguir:

—[...] No existe nadie en el mundo
            a quien ame como a vos;
el tiempo va transcurrido   de los años, más de dos,
que por vuestro amor padezco,
            pues os amo más que a Dios;
no quiero que otra persona   medie entre nosotros dos.

»Con la gran pena que paso
            vengo a deciros mi queja:
vuestro amor y mi deseo   que hiere y que me aqueja;
no se alivia, no se marcha,
            no me suelta, no me deja,
tanto más me da la muerte
            cuanto más de mí se aleja.

»Recelo que no escucháis
              nada de lo que he hablado,
hablar mucho con un sordo
              es locura, error probado.
Creedme; el amor que os tengo
              es mi único cuidado,
tan sólo por este amor   estoy triste y amargado [...]».

Me contestó doña Endrina,   esta mujer singular:
«Honra es y no deshonra   cuerdamente convesar;
las señoras, las mujeres   deben su respuesta dar
a quien con ellas hablare   o quisiere razonar.

»Por tanto, eso os concedo
              como a todo el que quisiere.
Hablad vos, salva mi honra,   cuando necesario fuere;
en cuanto a bromas y burlas,   las diré si las oyere
y rechazaré el engaño   cada vez que yo lo viere.

»Pero estar sola con vos   es cosa que yo no haría;
la mujer no debe estar   sola con tal compañía,
de eso nace mala fama   que mi deshonra sería;
ante testigos que vean   conversaremos un día» [...].

Y siguió mi señora,   después de hablar, su vía.
Desde que yo nací,   nunca vi mejor día,
solaz tan placentero   ni tan grande alegría,
¡Me quisieron guiar   Dios y la suerte mía!

Busqué trotaconventos,   cual me mandó el Amor,
de este las más ladinas[44]   escogí la mejor.
¡Dios y la mi ventura   guiaron mi labor!
Acerté con la tienda   del sabio vendedor [...].

Una vez la vieja en casa   le dijo: «Señora hija,
para esa mano bendita   aceptad esta sortija

---

[44] *ladinas:* astutas.

y, si no me descubrís, os contaré la pastija[45]
que esta noche imaginé.»
                    Poco a poco, así la aguija[46] [...].

«¡A fé!», dijo la vieja, «sois viuda conocida,
sola, sin compañero, y ya no sois temida.
La viuda, aislada, es cual vaca corrida;
en cambio, aquel buen hombre os tendrá defendida.

»Alejará de vos todos esos pelmazos,
los pleitos, los empeños, las vergüenzas, los plazos.
Dicen que muchos tratan de tenderos los lazos;
ni goznes en las puertas dejarán sus zarpazos.»

»Guardaos mucho de esto, señora doña Endrina,
o muy pronto estaréis angustiada y mohína[47]
como aquella avutarda, cuando la golondrina
le daba buen consejo, como buena madrina.

»Érase un cazador, muy sutil pajarero;
fue a sembrar cañamones[48] a un campo placentero
para obtener las cuerdas y lazos del redero[49].
Andaba la avutarda muy cerca del sendero.

»Dijo la golondrina a tórtolas, pardales
y a la dicha avutarda, estas palabras tales:
—Comed esta simiente de aquestos eriales
que ha sido aquí sembrada por nuestros grandes males.

»Hicieron gran escarnio de lo que les hablaba,
que se fuese, dijeron, que locura chirlaba[50].

---

[45] *pastija:* ocurrencia, elucubración.
[46] *aguijar:* incitar, estimular.
[47] *mohína:* enojada, triste.
[48] *cañamones:* planta del cáñamo, usado para trenzar redes.
[49] *redero:* el que caza con redes.
[50] *chirlar:* hablar de prisa y sin sentido.

Nacida la simiente, vieron cómo regaba
el cazador el cáñamo y no les asustaba.

»Volvió la golondrina y dijo a la avutarda
que arrancase la hierba que ya veía alzada,
pues quien tanto la riega y quien tanto la escarda
para el mal de las aves lo hace, aunque se tarda.

»Contestó la avutarda: —¡*Sandia*[51], alocada, vana!
que siempre estás chirlando locuras, de mañana:
no quiero tu consejo, ¡márchate ya, villana!
Déjame en esta vega tan hermosa y tan llana.

»Fuese la golondrina cerca del cazador,
en su casa hizo el nido, cuanto pudo mejor;
como era muy alegre y muy gorjeador[52],
al cazador gustóle, que era madrugador.

»El cáñamo cogido y todo preparado,
fue el cazador de caza, como era acostumbrado;
atrapó a la avutarda y llevóla al mercado.
Dijo la golondrina: —Ya vas hacia el pelado [...].

»Así, hija, estáis vos, viuda y jovencilla,
sola, sin compañero, como la tortolilla
y, creo que por eso, amarilla y magrilla[53];
donde sólo hay mujeres, nunca falta rencilla.

»Dios bendijo la casa en que buen hombre cría,
allí el bienestar, el placer, la alegría;
por eso aquel mancebo para vos yo querría
y antes de mucho tiempo vierais la mejoría.»

---

[51] *sandia:* necia, tonta.
[52] *gorjeador:* que canta mucho.
[53] *magrilla:* flaca, delgada.

CANTIGA DE LA SERRANA DE MALANGOSTO

[Estrofas 959-971]

Pasando yo una mañana
el puerto de Malangosto
asaltóme una serrana
tan pronto asomé mi rostro.
—Desgraciado, ¿dónde andas?
¿Qué buscas o qué demandas
por aqueste puerto angosto?[54]

Contesté yo a sus preguntas:
—Me voy para Sotos Albos.
Dijo: —¡El pecado barruntas[55]
con esos aires tan bravos!
Por aquesta encrucijada
que yo tengo bien guardada,
no pasan los hombres salvos.

Plantóseme en el sendero
la sarnosa, ruin y fea,
dijo: —¡Por mi fe, escudero!,
aquí me estaré yo queda;
hasta que algo me prometas,
por mucho que tú arremetas,
no pasarás la vereda.

Díjele: —¡Por Dios, vaquera,
no me estorbes la jornada!
deja libre la carrera;
para ti no traje nada.
Me repuso: —Entonces torna,

---

[54] *angosto:* estrecho.
[55] *barruntas:* presientes, prevés.

por Somosierra trastorna,
que aquí no tendrás posada.

Y la Chata endiablada,
¡que San Julián la confunda!
arrojóme la cayada
y, volteando su honda,
dijo afinando el pedrero,
—¡Por el Padre verdadero,
tú me pagas hoy la ronda!

Nieve había, granizaba,
hablóme la Chata luego
y hablando me amenazaba:
—¡Paga o ya verás el juego!
Dije yo: —¡Por Dios, hermosa,
deciros quiero una cosa,
pero sea junto al fuego!

—Yo te llevaré a mi casa
y te mostraré el camino,
encenderé fuego y brasa
y te daré pan y vino.
Pero ¡a fe!, promete algo
y te tendré por hidalgo.
¡Buena mañana te vino!

Yo, con miedo y arrecido,
le prometí un garnacha[56]
y ofrecí, para el vestido,
un prendedor y una plancha.
Dijo: —Yo doy más, amigo.
¡Anda acá, vente conmigo,
no tengas miedo a la escarcha!

---

[56] *garnacha:* un tipo de vestido de cuerpo entero.

Cogióme fuerte la mano
y en su pescuezo la puso;
como algún zurrón liviano
llevóme la cuesta ayuso.
—¡Desgraciado!, no te espantes,
que bien te daré que yantes
como es en la tierra uso.

Me hizo entrar muy aína
en su venta, con enhoto[57];
y me dio hoguera de encina,
mucho conejo de Soto,
buenas perdices asadas,
hogazas mal amasadas
y buena carne de choto.

De vino bueno un cuartero,
manteca de vacas, mucha,
mucho queso de ahumadero,
leche, natas y una trucha;
después me dijo: —¡Hadeduro!,
comamos de este pan duro,
luego haremos una lucha.

Cuando el tiempo fue pasando,
fuime desentumeciendo;
como me iba calentando
así me iba sonriendo.
Observóme la pastora;
dijo: —Compañero, ahora
creo que voy entendiendo.

La vaqueriza traviesa,
dijo: —Luchemos un rato,

---

[57] *enhoto:* confianza.

levántate ya, de priesa;
quítate de encima el hato[58].
Por la muñeca me priso,
tuve que hacer cuanto quiso,
¡Creo que me fue barato!

---

[58] *hato:* ropas de uso ordinario.

III. 5
PERO LÓPEZ DE AYALA
RIMADO DE PALACIO

CONTRA LOS MERCADERES

[Estrofas 298-315]

Pues de los mercaderes, ¿qué podría aquí decir,
si tienen tal oficio para poder fingir,
jurar y perjurar, en todo siempre mentir?
Olvidan a Dios y alma, sin pensar en morir.

En sus mercadurías hay mucha confusión,
hay mentira, hay engaño, y hay mala confesión;
Dios les quiera ayudar y darles el perdón,
que, si es por ellos, nos dan quinta por bordón[59].

Así os pedirán cincuenta doblas por un paño;
mas si ven que estáis duro y entendéis el engaño,
dicen: «Por treinta os lo doy,
 aunque ¡no llegue a un año,
si no me costó cuarenta
 ayer de un hombre extraño![60] [...]

No se tienen por contentos por una vez doblar
su dinero, más tres veces lo quieren aumentar,
dicen: «Estamos en peligro en tierra y en mar,
pues nos hace ahora el rey otros diezmos pagar».

---

[59] Hoy diríamos «dar gato por liebre».
[60] «Que me muera antes de un año, si no es verdad que lo compré ayer más caro.»

Nunca verdad confiesan,   así se han acostumbrado:
siempre parece pequeño   el pecado que es usado;
mas de otra manera   lo juzga el Juez granado,
que de las intenciones   nada le es ocultado.

Juran a Dios falsamente,   esto ya cada día,
mal pasan allí los santos   y aun Santa María;
con todos los diablos   hecha tienen compañía,
por más que ellos en el mundo   doblen su cuantía.

Las varas y las medidas,   Dios sabe cuáles serán;
unas muestran primero,   con otras medirán;
todo es mercadería,   ni entienden que en esto van
haciendo ellos pecado,   pues siempre así lo dan [...].

Aún hacen otro engaño   al pobre comprador:
le muestran de una cosa   y le dan de otra peor,
y dicen: «En la primera   de esto os mostré, señor;
si no es verdad, me alcance   todo tipo de dolor.»

Dejan oscuras sus tiendas   y poca lumbre les dan;
por Brujas, muestran Iprés   y por Mellinas, Roán[61];
así los paños violetas   rojos parecerán;
al contar los dineros   las ventanas abrirán.

Según en el Evangelio   de Nuestro Señor aparece,
el que quiere hacer mal   siempre la luz aborrece,
y pues tinieblas aman,   tenerlas siempre merecen,
y con el caudillo de ellas   tal pecador perece[62].

---

[61] Distintos tipos de tejidos.
[62] Es decir, que irán a reunirse en el infierno con el Diablo, el príncipe de las tinieblas, pues tanto las aman.

EL REY, PRISIONERO EN SU CORTE

[Estrofas 477-494]

Los reyes y los príncipes,   aunque sean señores,
también pasan en el mundo   cuitas y dolores:
sufren cada día   a todos sus servidores
que los ponen en enojos   hasta que vienen sudores.

Ni en una hora del día   le dejan descansar,
porque de cada uno   tiene cosas que mirar;
cuando uno le ha dejado,   otro se va a acercar,
como si algún maleficio   tuviese que confesar.

No hay rincón en el palacio   donde esté apartado;
aunque «señor» le dicen,   está muy aquejado;
tales cosas le piden,   que se ve forzado
a decir mentiras   que nunca había pensado.

Con él al comer   están todos alrededor;
¡parece que allí tienen   preso un malhechor!;
con gran esfuerzo llega,   que no puede peor,
quien trae la comida   dentro del tajador[63].

Las gentes allí son tantas   que no puede llegar,
aunque un ballestero   les diga: «Haced lugar,
retiraos, apartaos,   llevamos el manjar»;
igual que una gran peña   no se quieren quitar.

Médicos, capellanes,   a la su mesa son;
en conversaciones   disputan su cuestión;
cada uno lo que sabe   lo somete a discusión,
aunque en verdad muy lejos   tienen el corazón.

---

[63] *tajador:* bandeja que servía para cortar la carne.

El príncipe, por cierto, debe estar enojado
pues de tantos ojos así es atormentado,
que no puede a la boca llevar sólo un bocado,
sin que de trescientos hombres le sea contado.

En muy muchas maneras anda así perseguido;
el estado es grande, mas siempre con gemido,
pues cuidado y enojo no le dejan en olvido,
¿qué placer es pues reinar, siempre tan reñido?

Antes que haya comido, ni la mesa quitada,
le llega un mensajero, le trae carta cerrada;
él calla con cordura y no muda el gesto nada;
pero en ella le cuentan de una villa arrebatada.

Después que ha comido, viene el tesorero;
con él va a la cámara, entra luego delantero;
dice: «Señor, ¿qué haremos?,
                  que ya no hay más dinero
para pagar el sueldo de este mes primero.»

Ahí entran caballeros con gran resolución.
«Señor» dicen, «por cierto estamos en perdición:
del sueldo no nos pagan ni pequeña ración
y están todas las gentes con muy gran aflicción.

»Si no mandas pronto con el sueldo a socorrer,
ni un solo hombre de armas podremos mantener
que de aquí todos se marchan a buscar de comer;
a cuál parte irán no lo podemos saber.»

Saliendo de la cámara, está luego un concejo[64],
diciendo a grandes voces: «Señor, dadnos consejo,
que nos roban de todo, no dejan ni el pellejo,
la tierra que guardada estaba como un espejo.

---

[64] *concejo:* ayuntamiento.

»Nos roban los ganados y los silos[65] del pan,
y dicen claramente, si el sueldo no les dan,
que vivos con los hijos así nos comerán
y quemarán las casas con fuego de alquitrán.»

Anda el rey con esto alrededor, callado;
parece que es un toro que anda agarrochado[66].
«Amigos», dice a todos, «yo lo veré de grado»;
¡Dios sabe cómo él tiene su corazón holgado! [...].

CANTAR A LA VIRGEN SANTA MARÍA
[Estrofas 869-875]

Señora, estrella luciente,
que a todo el mundo guía,
guía a este tu sirviente,
que su alma a ti confía.

A canela bien oliente,
Señora, eres comparada,
de la mirra de oriente
es tu olor muy asemejada.
A ti hace clamor la gente
en sus cuitas todavía,
quien por pecador se siente
llamando «Santa María».

Señora, estrella luciente,
que a todo el mundo guía,
guía a este tu sirviente,
que su alma a ti confía.

---

[65] *silos:* depósitos de trigo.
[66] Las garrochas son varas con puntas de hierro que se usan para acosar y pinchar a los toros en el campo.

Al cedro en la altura
te compara Salomón,
iguala tu hermosura
al ciprés del monte Sión.
Palma fresca en verdura,
hermosa y de gran valía,
oliva la Escritura
te llama, Señora mía.

Señora, estrella luciente,
que a todo el mundo guía,
guía a este tu sirviente,
que su alma a ti confía.

De la mar eres estrella,
del cielo puerta lumbrosa[67],
después del parto, doncella,
de Dios madre, hija, esposa;
tú amansaste la querella
que por Eva nos venía,
y el mal que hizo ella
por ti tuvo mejoría[68].

Señora, estrella luciente,
que a todo el mundo guía,
guía a este tu sirviente,
que su alma a ti confía [...].

---

[67] *lumbrosa:* luminosa, luciente.
[68] Es decir, María salva a la humanidad del pecado original de Adán y Eva, al haber sido madre de Cristo.

TRIBULACIONES DEL SANTO JOB
[Estrofas 924-974]

Ya oísteis cómo Job, aquel santo varón,
muy amigo de Dios, sufrió tribulación,
no porque él pecara, mas porque el pregón
de la su paciencia le fuese galardón[69].

De muchas virtudes que en el santo Job había,
la su gran paciencia delantera tenía,
mas ésta no se muestra salvo cuando la vía
del hombre es menguada y viene en peoría[70].

Era este santo hombre de muchos bienes dotado,
de hijos y de hijas muy bien acompañado,
y rico de haberes y de mucho ganado,
entre los orientales muy grande y honrado [...].

Nuestro Señor, viendo la muy gran perfección
de la vida de Job y que era gran razón
que fuese publicada su santa ordenación,
hizo que padeciese esta tribulación [...].

Partióse el diablo alegre y pagado;
mató luego los hijos de Job y su ganado,
le dejó con gran lloro, roto y muy arruinado,
empero[71] obediente a Dios y a su mandado.

«Bendito», dijo, «sea el tu nombre, Señor:
Tú me lo diste todo, sin ser merecedor,
y puesto que lo quieres, sería gran error
que yo a Ti me quejara, aunque sufro dolor.»

---

[69] Es decir: Dios pretendía poner a prueba a Job para demostrar su extraordinaria paciencia.
[70] «Cuando la vida empeora y se hace difícil.»
[71] *empero:* pero.

Cayendo de rodillas en tierra, adoró
al nombre de Dios santo y siempre reconoció
que si bienes tenía, Él sólo se los dió
y se los pudo quitar cuando de ello gustó [...].

Por más aún mostrar las virtudes del santo,
siervo leal de Dios, recibió otro espanto
además de estos daños que tuvo y quebranto:
la lepra a su cuerpo le cubrió como manto [...].

Yacía Job llagado en un estercolero,
de la planta del pie todo su cuerpo entero;
le impreca su mujer, diciendo: «¡Majadero,
sigue en tu simpleza!, otro bien no espero.»

Respondiérale Job en palabras muy pocas
diciendo: «Tú hablaste como una de las locas
mujeres que no saben contener en sus bocas
los juicios de Dios más altos que las rocas [...]

Dios es el que a los bajos pone en gran altura;
rebaja a los soberbios y les pone tristura.
Mucho le desconoce por su mala ventura
quien en esto no confía y de ello poco cura.

En muchas grandes cuitas él te socorrerá;
en tus postrimerías[72] nunca te olvidará.
de muy fuertes espantos siempre te librará,
si tu bien conoces quién es el que lo da.

Quien aquí sea bueno, buena postrimería
tendrá de esto, no dude, tal como él quería;
y del que sea malo, yo nunca dudaría
que perezca con él lo suyo en un día.»

---

[72] *postrimerías:* lo que viene al final; aquí, la muerte.

IV. POESÍA CLERICAL (SIGLOS XIII y XIV): OTROS METROS

*D*E *las obras recogidas en este apartado, las cinco primeras se distinguen de la última no sólo por pertenecer al siglo XIII, sino también por su tono más popularizante, frente a la sobriedad y la hondura de las reflexiones morales de Sem Tob, que se enmarcan ya en el siglo XIV.*

Reproducimos íntegra la primera parte de la Razón de Amor, *centrada en un encuentro galante en el marco de un* locus amoenus *o paisaje idílico. Nótense la descripción de la belleza de la dama y varios temas típicos del amor cortés: el enamoramiento de oídas, los celos, las promesas y regalos de amor, el sufrimiento por la ausencia de la amada, etc.*

Del poema de debate Elena y María *presentamos un amplio fragmento con la fase más viva de la discusión: cada una de las damas defiende el modo de vida de su propio amante y satiriza el del rival; Elena se bate por el caballero y María por el clérigo. Da la impresión de que el anónimo autor tal vez critique al clérigo con más acidez que al desventurado caballero, pero el lector tiene la palabra.*

De los dos poemas hagiográficos seleccionados, reproducimos en su integridad el Libro de la infancia y muerte de Jesús, *probablemente una de las piezas más deliciosas de esta antología. Cabe destacar la plasticidad casi pictórica de toda la narración y, en especial, del episodio de la matanza de los inocentes y de las escenas domésticas en casa del ladrón. Tomamos de M. Alvar los titulillos, que ayudan a la comprensión de la trama. De la extensa*

Vida de Santa María Egipcíaca *se ofrecen dos fragmentos de claro paralelo, con sendas descripciones físicas de la santa, la primera en su período de esplendor y la segunda tras la penitencia en el desierto. Su significado simbólico se comenta por sí mismo: a mayor belleza física, menor es la del espíritu, y al contrario.*

En ¡Ay, Jerusalén! *destaca su ritmo casi fúnebre basado en la repetición del estribillo, la vivacidad y el tremendismo de la narración, y también el hecho curioso de que la sucesión de todas las primeras letras de cada estrofa forma un alfabeto casi completo, teniendo en cuenta la grafía antigua (así, verso 26: Fazen; 36: Haunque; 46: Kuantos; 66: Ora; 76: Kuanta).*

Aunque por su métrica deban enmarcarse aquí, los Proverbios morales *de Sem Tob son de mayor hondura intelectual que las obras anteriores. En el primer fragmento, el autor medita, en su característico estilo conciso y concentrado, acerca de la dificultad de establecer una jerarquía de valores, porque cualquier cosa de este mundo tiene su cara y su cruz, como una serie de gráficos ejemplos se encarga de demostrarnos. En el segundo texto seleccionado, el autor exhibe con orgullo de intelectual su entusiasmo por los libros y el conocimiento.*

* * *

IV.1
RAZÓN DE AMOR

Quien triste tiene su corazón
venga a oír esta razón.
Oirá razón acabada,
hecha de amor y bien rimada.
Un escolar[1] la rimó
que siempre dueñas[2] amó;
mas siempre tuvo crianza
en Alemania y en Francia
vivió mucho en Lombardía
10 para aprender cortesía.
    En el mes de abril, tras de yantar,
    estaba bajo un olivar.
    En las ramas de un manzanar
    un vaso de plata vi estar;
15 lleno era de un claro vino,
    que era bermejo y fino;
    cubierto era a tal mesura
    no lo tocase la calentura[3].
    Una mujer lo había puesto,
20 que era señora del huerto,
    que cuando su amigo viniese,
    de aquel vino a beber le diese.
    Quien tal vino tuviese
    la mañana cuando comiese;

---

[1] *escolar:* clérigo, persona con estudios.
[2] *dueñas:* damas.
[3] El vino estaba colocado de tal modo que estuviera protegido del calor.

25 y de él tuviera cada día,
nunca más enfermaría.
Encima del manzanar
otro vaso vi estar;
lleno era de un agua fría
30 que en el manzanar se nacía.
Bebiera de ella de grado,
mas tuve miedo que fuera encantado.
Sobre un prado puse mi testa[4],
que no me sentara mal la sexta[5];
35 quité de mí las vestiduras,
que no me hiciese mal la calentura.
Me acerqué a una fuente perenal[6],
nunca hubo hombre que viese tal;
tan gran virtud en sí tenía,
40 que del frío que de ahí salía
en cien pasos alrededor
no sentirías el calor.
Todas hierbas que bien olían
la fuente cerca las tenía;
45 allí la salvia, allí las rosas,
y el lirio y las violas[7];
otras tantas hierbas había
que ni nombrarlas sabría:
mas el olor que de allí salía
50 a un hombre muerto resucitaría.
Tomé del agua un bocado
quedé todo enfriado.

---

[4] *testa:* cabeza.
[5] *sexta:* la hora sexta era, en el sistema romano de dividir la jornada, la más calurosa del día.
[6] *perenal:* perenne, eterna.
[7] *violas:* violetas.

En mi mano cogí una flor,
sabed que no era la peor;
55 y quise cantar de fino amor[8].
   Mas vi venir una doncella;
jamás otra no vi tan bella;
blanca era y bermeja,
cabellos cortos sobre la oreja,
60 frente blanca y lozana,
cara fresca como manzana;
nariz igual y derecha,
nunca visteis tan bien hecha;
ojos negros sonrientes,
65 boca normal y blancos dientes;
labios bermejos, no muy delgados,
en verdad bien mesurados;
por la cintura delgada,
armoniosa, bien formada;
70 el manto y su brial
de seda era, que no de al;
un sombrero tiene en la testa,
que no le sentase mal la sexta;
unos guantes lleva en la mano,
75 sabed, no se los dio villano.
   De las flores viene tomando,
en alta voz de amor cantando.
Y decía: «¡Ay, meu amigo,
si me veré jamás contigo[9]!
80 ¡Te amé siempre y te amaré
mientras que viva estaré!

---

[8] *fino amor:* amor cortés.
[9] La dama usa aquí (y más adelante en los versos 130-134), expresiones y fórmulas típicas de las *cantigas d'amigo,* las composiciones gallegas equivalentes a los villancicos castellanos y a las jarchas.

Porque eres escolar,
cualquiera te debería más amar.
Nunca oí de hombre decir
85 que tantas buenas maneras tuvo en sí.
Más amaría contigo estar,
que toda España mandar.
Mas de una cosa estoy apenada,
tengo miedo de ser engañada;
90 que dicen que otra dueña
cortés y bella y buena,
te quiere tan gran bien,
por ti pierde su sien;
y por eso mi pavor:
95 que a ésa quieras mejor.
Mas si yo te viese una vegada,
¡por cierto me querías por amada!»
 Cuando la mía señor[10] esto decía,
sabed, a mí no me veía;
100 pero sé que no me conocía,
que de mí no huiría.
Yo no hice allí como villano,
me alcé y la cogí por la mano.
Nos juntamos ambos en par,
105 reposamos bajo el olivar.
Le dije yo: «Decid, vos, mía señor,
si supisteis nunca de amor»
Dice ella: «Pues sí, con gran amor ando,
mas no conozco a mi amado;
110 pero me dijo un su mesajero
que es clérigo y no caballero,

---

[10] El término «señor» en masculino aplicado a la dama era típico del amor cortés, para simbolizar con una metáfora feudal el dominio de la amada sobre el amante.

sabe mucho de trovar,
de leer y de cantar;
dicen que es de buenas gentes,
115 mancebo barbapuniente es[11].»
«Por Dios, que digáis, la mía señor,
¿qué prendas tenéis de su amor?»
«Estos guantes y este capillo[12],
este velo y este anillo
120 me envió a mí ese meu amigo,
que por su amor traigo conmigo.»
Yo conocí luego las alhajas,
que por mí habían sido enviadas;
ella conoció una mi cinta en mano,
125 que ella hiciera con sus manos.
Se quitó el manto de los hombros;
me besó la boca y por los ojos;
tan gran gozo de mí tenía,
que ni hablarme podía.
130 «¡Dios Señor, a ti loado
cuanto conozco meu amado!
¡Ahora está todo el bien conmigo
cuanto conozco meu amigo!»
Una gran rato allí estando,
135 de nuestro amor conversando,
ella me dijo: «El mío señor, hora sería
 [de tornar[13],
si a vos no fuese a pesar».
Yo le dije: «Id, la mía señor, pues que
 [ir queréis,
mas en mi amor pensad, ¡a fe que debéis!».

---

[11] «Es un joven al que empieza a salirle la barba.»
[12] *capillo:* un tipo de sombrero.
[13] *tornar:* volver.

140 Ella me dijo: «Bien seguro estad de mi amor,
no vos cambiaría por un emperador.»
La mía señor se va ligera,
a mí desconsolado deja.
Apenas la vi fuera del huerto,
145 por poco no caí muerto.

IV. 2
ELENA Y MARÍA

11 «Calla, María,
 ¿por qué dices tonterías?
 Esa palabra que dijiste
 a mi amigo ofendiste,
15 pero si bien lo miras
 y con razón lo meditas,
 ni puedes competir conmigo
 ni el tu amigo con el mío;
 somos hermanas e hijas de algo,
20 mas yo amo al más alto,
 pues es caballero armado,
 de sus armas esforzado;
 el mío es defensor,
 el tuyo es orador[14]:
25 que el mío defiende tierras
 y sufre batallas y guerras,
 pues el tuyo come y yaz[15]
 y siempre está en paz.»
 María, también con arte,
30 respondió de la otra parte:
 «¡Vamos, loca, trastornada,
 pues no sabes nada!
 Dices que come y yaz
 porque está en paz,

---

[14] Queda planteada aquí claramente la función social de guerreros y clérigos en la Edad Media.

[15] *yaz:* yace, forma antigua de yacer: dormir, estar echado.

35 pues él vive bien honrado
y sin ningún cuidado;
tiene para comer y beber
y en buenos lechos yacer;
Tiene para vestir y calzar
40 y bestias en que cabalgar,
vasallas y vasallos,
mulas y caballos,
tiene dineros y paños
y otros haberes tantos.
45 De armas no se ha de preocupar
y tampoco de luchar,
pues más vale seso y mesura[16]
que siempre andar en locura,
como el tu caballerón,
50 que no es más que un fanfarrón.
Cuando al palacio va
sabemos la vida que le dan:
el pan racionado,
el vino picado;
55 sonríe mucho y come poco,
va cantando como loco;
como lleva poco vestido,
siempre pasa hambre y frío.
Come mal y yace mal
60 de noche en su hostal,
pues quien anda en casa ajena
nunca sale de pena.
Mientras él está allá,
padecéis vos acá;

---

[16] «Es mejor el buen juicio y la prudencia.»

65 pensando en cuándo vendrá
y mirando las manos que traerá,
y si no trae nada,
siempre es fría la posada.»
   Elena, al instante, con ira
70 dijo: «Eso es mentira.
En el palacio anda mi amigo,
mas no pasa hambre ni frío;
anda vestido y calzado
y bien encabalgado[17];
75 le acompañan caballeros
y le sirven escuderos;
le dan grandes soldadas
con que paga a sus mesnadas.
Cuando al palacio viene,
80 gran apostura tiene,
con armas y con caballos
y con escuderos y con vasallos,
siempre trae azores
y halcones de los mejores[18] [...];
92 los caballos relinchando
alegre viene y cantando,
palabras de cortés hablando[19].
95 A mí me tiene honrada,
vestida y calzada;
me viste de fina seda
y de otras buenas telas.
Créeme por cierto,

---

[17] «Va montado en buenos caballos».
[18] La cetrería, o caza con halcón, azor y otras aves rapaces, era ocupación habitual de la nobleza en la Edad Media.
[19] «Diciendo cosas propias de hombre bien educado.»

100 que más vale un beso de infanzón[20]
que cinco de abadón,
como el tu barbirrapado
que siempre anda en su capa encerrado,
que en la cabeza y la barba y el pescuezo
105 más bien parece un escuerzo[21].
Mas el cuidado mayor
que tiene aquel tu señor
es sus oraciones rezar,
y a sus monaguillos enseñar;
110 la batalla la hace con sus manos
cuando bautiza a sus ahijados;
comer y gastar
y dormir y holgar,
hijas de hombres buenos engañar,
115 casadas y por casar.
No vale ningún parabién[22]
quien no sabe de mal y de bien:
que el mío sabe de todo ello
y vale más por ello.»
120 María muy airada,
respondió a su hermana:
«Elena, calla,
¿por qué dices tal palabra?
pues el tu amigo
125 al lado del mío no vale un higo.
Cuando él está en palacio
no está en tan buen espacio,
ahora tiene algo, ahora tiene nada,
que veloz se acaba la soldada.

---

[20] *infanzón:* caballero.
[21] *escuerzo:* sapo.
[22] «No tiene ningún mérito.»

> 130 Cuando no tiene qué gastar,
> se dedica luego a jugar;
> y juega dos veces o tres,
> que nunca gana una vez;
> cuando vuelve a perder
> 135 veloz recurre a su haber:
> juega el caballo y el rocín
> y las armas otrosín[23]
> el mantón, el tabardo[24]
> y el vestido y el calzado;
> 140 queda en ruin guisa[25],
> en calzones y en camisa.
> Cuando no tiene qué jugar
> ni nada más que cenar,
> lleva la silla a empeñar [...].
> 152 Muchas veces a pie ha llegado,
> desnudo y sin calzado,
> y ni siquiera a su amiga
> 155 ni aconseja ni la abriga;
> pues hombre con amargura
> siempre enfría la posada,
> que así pasa donde no hay vino,
> ni trigo, ni harina, ni tocino,
> y tendréis por él que empeñar
> el mantón y el brial.
> Si muchos días así dura,
> se jugará el precio del vestido,
> hasta que sea vendido.
> 165 Cuando se lo haya comido,
> ¿qué será del señorito?

---

[23] *otrosín:* también.
[24] *tabardo:* chaquetón amplio y largo.
[25] «Le queda un aspecto lamentable.»

Querrá ir a robar;
mas si lo llegaran a pillar,
colgarlo han de un palero,
170 en la cima de un otero[26].
Pues el mío amigo, bien te lo digo,
tiene mucho trigo y mucho vino;
tiene arcones repletos
175 de plata y de dineros;
viste lo que quiere,
si quiere, mantón; si quiere, piel;
no pasa hambre ni frío,
ni le faltan vestidos.
180 De mañana, por la helada,
viste una capa abrigada
y forrada de corderinos[27],
y se va a sus maitines[28];
dice maitines y misa
185 y sirve bien a su iglesia,
y gana diezmos y primicias
sin pecado y sin malicia;
y cuando quiere, bebe y come,
y lleva vida de rico hombre.
190 Y yo que esto digo,
a Dios gracias y al mío amigo,
no paso hambre ni frío
ni falta de vestidos,
ni estoy deseosa
195 de ninguna cosa.» [...].

---

[26] «Le ahorcarán en lo alto de un monte.»
[27] *corderinos:* pieles de cordero.
[28] *maitines:* rezos que se hacen antes del amanecer.

IV. 3
LIBRO DE LA INFANCIA Y MUERTE DE JESÚS

INTRODUCCIÓN

Pues muchas veces oísteis contar
de los tres Reyes que vinieron a buscar
a Jesucristo, cuando nació,
y una estrella los guió,
5 y de la gran maravilla
que les sucedió en la villa
de Herodes, que era el traidor
enemigo del Criador.

LOS REYES VAN A VISITAR A HERODES PARA CONOCER EL SITIO DONDE HA NACIDO JESÚS

Entraron los Reyes por Belén, la ciudad,
10 para saber si Herodes sabía en verdad
en qué lugar podrían hallar
a aquel señor que iban a buscar;
que ellos nada sabían
si Herodes mal o bien lo quería.
15 Y cuando con él estuvieron
la estrella nunca la vieron.
Cuando Herodes oyó el mandado[29],
mucho fue alegre y pagado.
Y puso cara de alegría,
20 aunque nunca vio tan negro día.
Dijo que nunca en su vida
había oído cosa parecida.

---

[29] *mandado:* la misión.

«Idlo a buscar, por la fe que debéis;
pero volved aquí y me diréis
25 en qué lugar lo podréis hallar;
así lo iré yo a adorar.»

LA ESTRELLA CONDUCE A LOS REYES HASTA EL PORTAL. ADORACIÓN DE LOS MAGOS Y OFRENDA DE REGALOS

Los reyes salen de la ciudad
y miran a todo lugar.
Y vieron la su estrella
30 tan luciente y tan bella,
que nunca de ellos se alejó,
hasta que al sitio los llevó
donde la Gloriosa era
y el Rey del cielo y de la tierra.
35 Entraron los reyes muy humildosos[30]
y doblaron los hinojos[31]
y tuvieron gozo al mirar:
oro, incienso y mirra le quieren dar.
Baltasar ofreció oro,
40 porque era rey poderoso;
Melchor, mirra, para embalsamar[32]
con dulzura su cuerpo mortal,
y Gaspar le dio incienso,
que así era por derecho.

---

[30] *humildosos:* humildes.
[31] *hinojos:* rodillas.
[32] La mirra, una resina medicinal, se usaba en efecto en la antigüedad para embalsamar los cadáveres de nobles y reyes.

REGRESO DE LOS MAGOS A SUS TIERRAS. IRA DE HERODES AL SENTIRSE ENGAÑADO

45 Estos reyes cumplieron sus mandados
y han regresado
por otros caminos a sus reinados.
Cuando Herodes supo
que por ahí no han venido,
50 se sintió muy ofendido
y dijo: «De esto me admiro.»
Y cuando vio esta maravilla,
fuerte fue su saña y su ira
y con gran rabia que en sí tenía
55 dijo a sus vasallos: «¡Vía![33]
Cuantos niños hallar podréis,
a todos los descabezaréis.»
¡Mezquinos, que sin dolor
obedecieron la orden de su señor!

MATANZA DE LOS SANTOS INOCENTES

60 Cuantos niños hallaban,
a todos los descabezaban:
por las manos los tomaban
al suelo ya los tiraban;
a algunos les arrancaban
65 los brazos con las espadas.
Mezquinas, ¡qué cuitas vieron
las madres que los parieron!
Toda madre puede entender
cuál duelo pudo ser,

---

[33] *¡Vía!*: ¡Adelante!

70 que en el cielo fue
   oído el llanto de Raquel[34].
   Dejemos a los mozuelos
   y no hagamos por ellos duelos:
   pues quien fue martirizado,
75 arriba al cielo es llevado;
   cantarán siempre delante de Él,
   en uno con San Miguel;
   su gloria tan grande será
   que nunca más fin tendrá,
80 a estos niños siempre fiesta haréis.
   Si por enojo no lo tenéis[35]
   deciros quiero una cosa
   de Cristo y de la Gloriosa.

SE APARECE UN ÁNGEL A JOSÉ Y LE ORDENA HUIR A EGIPTO CON SU FAMILIA

   José yacía dormido,
85 el ángel fue a él venido
   dijo: «Levanta, varón, coge la vía,
   huye con el Niño y con María;
   vete para Egipto
   que así ha sido escrito.»

HUIDA A EGIPTO

90 Se levantó José muy espantado,
   para cumplir lo mandado.

---

[34] *Raquel:* simboliza a todas las madres judías y su inmenso dolor ante la matanza de sus hijos.
[35] «Si no os causa molestia.»

Coge al Niño y a la madre
y él los guía como padre.
No llevó con ellos tres
95 más que una bestia y algún arnés.
Madrugaron muy de mañana,
solos pasan por la montaña.

ASALTO DE LOS LADRONES
Y CAPTURA DE LA SAGRADA FAMILIA

Encontraron a dos peones[36],
grandes y fuertes ladrones,
100 que robaban los caminos
y degollaban a los peregrinos:
al que alguna cosa llevase
nada habría que le salvase.

EL MAL LADRÓN PROPONE
REPARTIRSE LOS PRISIONEROS

Presos al instante han sido,
105 los sacaban del camino.
Cuando fuera los tuvieron,
entre sí discutieron.
Dijo el ladrón más felón[37]:
«Así sea la partición:
110 tú que mayor y mejor eres
escoge de ellos cuál quisieres;
después partamos al más chiquillo
con el cuchillo.»

---

[36] *peones:* bandoleros que iban a pie.
[37] *felón:* malvado.

EL BUEN LADRÓN INTENTA
SALVAR A LOS CAUTIVOS

El otro ladrón pensó
115 que decía horrible cosa
y hablar, por miedo, no osa;
por miedo que se enfadaría
y que haría cual prometía.
Así que dijo que bien decía
120 y que de esa manera lo harían.
«Pero óyeme, amigo, por caridad
y por amor de piedad,
pensemos en marchar
que hora es de albergar[38];
125 en mi casa albergaremos,
y mañana así repartiremos.
Y, si escaparan por algún arte,
yo te pagaré tu parte.»

EXCELENTE ACOGIDA
EN CASA DEL BUEN LADRÓN

¡Dios, qué bien recibidos son
130 por la mujer de aquel ladrón!:
a los mayores daba agasajos
y al niño toma en brazos,
y les hacía estar a placer
cuanto más lo podía hacer[39].
135 Mas el otro traidor quisiera luego,
antes de reposar al fuego,
manos y pies a ellos atar
y en la cárcel encerrar.

---

[38] *albergar:* refugiarse en una casa.
[39] «Hacía todo lo posible para que estuvieran a gusto.»

El otro ladrón comenzó a hablar
140 como oiréis contar:
«Óyeme, amigo, por caridad
y por amor de piedad
buena cosa y fuerte tenemos,
143 a mañana como quieras partiremos.
143 b y, si escaparan por algún arte,
143 c yo te pagaré tu parte».

ATENCIONES DE LA MUJER
DEL BUEN LADRÓN
CON LOS PRISIONEROS

La huéspeda[40] ni come ni se reposa
145 sirviendo a la Gloriosa
y le ruega por amor de piedad
que no le caiga en pesar
y que a su hijo le dé a bañar.
La Gloriosa dice: «Bañadle
150 y haced lo que queráis,
que en vuestro poder nos guardáis.»

JESÚS ES BAÑADO POR LA MUJER
DEL BUEN LADRÓN, LA CUAL
CUENTA SU DESGRACIA

Va la huéspeda muy ligera
y puso del agua en la caldera.
Cuando el agua estuvo caliente,
155 el niño en brazos prende.

---

[40] *huéspeda:* mujer de la casa, anfitriona.

Mientras le baña, no puede evitar
que caigan lágrimas por su faz[41].
La Gloriosa la miraba
y preguntó por qué lloraba:
160 «Huéspeda, ¿por qué lloráis?
No me lo ocultéis, suerte tengáis.»
Ella dijo: «No lo ocultaré, amiga,
si queréis que os lo diga:
yo tengo tan grande cuita,
165 que querría estar muerta;
un hijuelo que tenía,
que parí el otro día,
leproso, míralo allí acostado,
por mi pecado castigado.»

LA VIRGEN CURA AL HIJO
LEPROSO DEL BUEN LADRÓN

170 La Gloriosa dice: «¡Dámelo, varona[42],
yo lo bañaré, no soy escrupulosa,
y podréis decir que en este año
no puede haber mejor baño.»
Fue la madre y lo cogió en los brazos,
175 a la Gloriosa se lo puso en las manos.
La Gloriosa lo metió en el agua
donde se había bañado
el rey del cielo y de lo creado.
En un instante se hizo el milagro:
180 lo metió leproso y lo sacó sano.
En el agua quedó todo el mal,
tal lo sacó como un cristal.

---

[41] *faz:* cara, rostro.
[42] *varona:* mujer.

Cuando la madre vio al hijo curado
gran alegría le ha entrado:
185 «Mujer, en buen día a mi casa vinisteis
que a mi hijo me disteis
y aquel niño que allá yace,
que tales milagros hace,
tal es mi esperanza
190 que Dios esté en mi estancia[43].»

EL BUEN LADRÓN, AL SABER EL MILAGRO, SALVA A LA SAGRADA FAMILIA

Corre la madre muy gozosa
al padre dice la cosa;
le contó todo como ha pasado,
le mostró al hijo curado.
195 Cuando el padre lo vio sano,
no vio nada más, era pagado.
Y por pavor del otro despertar
pensó en silencio en marchar
y con pavor de no tardar
200 cogió carne, vino y pan.

HUIDA Y SALVACIÓN

Aunque media noche era,
siguió con ellos en la carrera.
Les acompañó hasta Egipto,
así lo dice el escrito[44];

---

[43] *estancia:* casa, lugar donde se vive.
[44] *escrito:* libro del que se toma el relato.

205 y cuando de ellos se tuvo que partir,
un favor les comenzó a pedir,
que el hijo que Él ha sanado
a Él le sea encomendado:
y mucho se lo rogó de suerte
210 que suyo fuese hasta la muerte;
la Gloriosa se lo ha otorgado
el ladrón ya ha regresado.

EL HIJO DEL MAL LADRÓN. LAS HERENCIAS PATERNAS

Al otro alevoso ladrón
le nació un hijo varón.
215 Los niños fueron creciendo,
los trucos de los padres aprendiendo:
salen a robar caminos
y degollaban a los peregrinos
y males hacían tantos
220 hasta que los cogió Pilatos.

CONDENA DE LOS LADRONES Y ENCUENTRO CON JESÚS

A Jerusalén los ha llevado,
ponerlos en cruz ha mandado,
en aquel día señalado
que Cristo fue crucificado.
225 Él que en su agua fue bañado,
fue puesto a su diestro lado;
en cuanto lo vio, en él creyó
y perdón le solicitó.
Nuestro Señor dijo: «Hoy estarás conmigo
230 en el santo paraíso.»

El hijo de traidor, cuando hablaba,
todo lo despreciaba.
Dijo: «Varón, ¡tú estás loco,
que Cristo no te valdrá ni un poco!
235 A sí mismo no puede ayudar,
¿cómo te puede a ti salvar?»

FIN DE LOS LADRONES

Éste fue al infierno ido
y el otro al paraíso.
Dimas fue salvado
240 y Gestas fue condenado.
Dimas y Gestas,
medio divina potestas[45].

---

[45] «Y Dios en medio de ellos.»

IV. 4
VIDA DE SANTA MARÍA EGIPCÍACA

RETRATO DE MARÍA PECADORA

204 [...] De su beldad, de su figura,
205 como dice la escritura,
 antes que siga adelante,
 os diré de su semblante[46]:
 de aquel tiempo que vivió ella,
 después no nació tan bella;
210 ni reina ni condesa
 no visteis tal como ésta.

 Tenía redondas las orejas,
 blancas como leche de ovejas;
 ojos negros y así las cejas;
215 blanca la frente, toda ella.
 La cara tenía colorada,
 como la rosa cuando es granada[47];
 boca chica y proporcionada
 muy hermosa la mirada.
220 Su cuello y su petrina[48],
 tal como la flor del espina.
 De sus tetillas bien es sana
 tales son como manzana.
 Brazos y cuerpo y todo igual,
225 blanco es como cristal.
 En buena forma fue moldeada,
 ni era gorda ni muy delgada;

---

[46] *semblante:* apariencia, rostro.
[47] «Cuando está en flor.»
[48] *petrina:* pecho.

>   ni era larga ni era corta,
>   sino de medida buena.
>
> 230 Ya su beldad dejemos estar
>   que no os lo podría contar.
>   Os contaré de sus vestimentas
>   y sus adornos sin cuenta.
>   El peor día de la semana
> 235 no viste sino paño de lana;
>   lleva tanta plata y oro,
>   bien se viste a su modo.
>   Brial de seda se viste
>   con manto de armiño se cubre.
> 240 Nunca calzaba otros zapatos,
>   sino de cordobán[49] labrados,
>   pintadas son con oro y con plata
>   cuerdas de seda con que los ata.
>
>   Tanto era de buen razonar
> 245 que con todos podía hablar.
>   Así el loco como el sabio
>   todos la quieren a su lado.
>   Tanto era buen hablador
>   y tanto tenía su cuerpo dulzor
> 250 que un hijo de emperador
>   moría por ella de amor.
>
>   Los hombres de la ciudad
>   todos la amaban por su beldad.
>   Todos decían: «¡Qué gran pena
> 255 de esta hembra de nobleza!
>   De todas cosas parece sabida[50]
>   ¿cómo lleva tan mala vida?» [...].

---

[49] *cordobán:* piel de cabra muy apreciada.
[50] *sabida:* inteligente.

RETRATO DE MARÍA PENITENTE

719 Toda se cambia de otra figura,
720 pues no tiene paños ni vestidura.
Perdió las carnes y su color,
que eran blancas como la flor;
sus cabellos, que eran rubios,
se volvieron blancos y sucios.
725 Y sus orejas, que eran albas[51],
eran muy negras y pegadas.
Los ojos llenos de legañas,
y ya ha perdido sus pestañas.
La boca era empelecida[52],
730 y alrededor muy ennegrecida.
La cara muy negra y arrugada
del frío viento y de la helada.
La barbilla y su mentón
parecen extremo de tizón.
735 Tan negra era su petrina,
como la pez y la resina.
En sus pechos no había tetas,
que yo creo estaban secas.
Brazos largos y secos dedos,
740 casi parecen de esqueleto.
Las uñas eran convenientes,
que las cortaba con los dientes.
El vientre muy seco tenía,
que ningún alimento comía.
745 Los pies estaban agrietados:
en muchos sitios estaban llagados,
pero por nada se desviaba

---

[51] *albas:* blancas.
[52] *empelecida:* llena de pellejos.

de las espinas que encontraba.
Alegre semejaba,
750 pues allí nada le faltaba:
cuando una espina le hería,
de sus pecados uno perdía;
y mucho era ella gozosa
porque sufría tan dura cosa.
755 No es maravilla si es denegrida[53]
hembra que mantiene tal vida.
Ni es maravilla si su color muda
quien cuarenta años anda desnuda [...].

---

[53] *denegrida:* de color negruzco.

IV. 5
¡AY, JERUSALÉN!

A los que adoran la vera[54] cruz,
salud y gracia de la vera luz,
que envía sin arte
el maestre de Acre[55]
5   a Jerusalén

Bien querría con vosotros gemir,
llorar noches y días, sufrir y no dormir,
que contaros cosas
de noticias llorosas
10 de Jerusalén.

Creo que pecado me sería callar;
lloros y suspiros no me han de dejar
escribir el llanto
en el Concilio Santo
15 de Jerusalén.

De Jerusalén os querría contar,
del Sepulcro Santo de más allá del mar:
moros lo cercaron
y lo derribaron
20 a Jerusalén

Estos moros perros a la Casa Santa
siete años y medio la tienen cercada;
no dudan en morir
para así conseguir
25 a Jerusalén.

---

[54] *vera:* verdadera
[55] Jefe de una orden religiosa de Jerusalén.

Hacen juntamiento   los de Babilonía
con los africanos   y los de Etiopía,
con los coraminos,
tártaros y miros[56]
30   por Jerusalén.

Grandes confianzas   ponen en sus lanzas
por matar cristianos   tienen perdonanzas[57].
Muchos más serían,
vence morería
35   en Jerusalén.

Aunque los cristianos   no pueden sufrir,
con pocas viandas   y mucho ferir[58].
No les viene socorro
del su Consistorio[59]
40   en Jerusalén.

Ya todos acuerdan   con el Patriarca:
para el Padre Santo   escriben una carta
con letras de sangre,
que mueren de hambre
45   en Jerusalén.

¡Cuántos los muy amargos   raros moros son!
Lo tienen rodeado   al altar de Sión.
No dudan en morir
para así conseguir
50   a Jerusalén.

Léese la carta   en el Concilio santo:
Papa y cardenales   hacían gran llanto,

---

[56] Son los distintos pueblos aliados contra Jerusalén.
[57] Según la doctrina islámica de la guerra santa, a los soldados muertos en combate se les perdonan sus pecados.
[58] «Con poco que comer y tanto que resistir.»
[59] *Consistorio:* corte del Papa.

rompen sus vestidos,
dan grandes gemidos
55   por Jerusalén.

Mandan dar pregones   por la cristiandad,
alzan sus pendones,   llaman Trinidad.
«¡Ayudad, cristianos,
a vuestros hermanos
60   en Jerusalén!»

No les da buen viaje   la sagrada mar:
los vientos son contrarios,   no les dejan andar.
Cuando están en calma
se enflaquece el alma,
65   en Jerusalén.

Hora es venida,   por nuestros pecados,
de tan negro día   moros esforzados.
Muchos más serían,
vence morería
70   en Jerusalén.

Pocos son cristianos,   menos que ovejas.
Muchos son los moros,   más que las estrellas.
No dudan en morir
para así conseguir
75   a Jerusalén.

¡Cuánta gran batalla   fuera en aquel día!
Con los caballeros   es la clerecía,
por tomar pasión
por la defensión[60]
80   de Jerusalén.

Revenden cristianos   muy cara su sangre:
por muerte de uno   cien moros van delante.

---

[60] *defensión:* defensa, en la que colaboran caballeros y clérigos.

Tantos más serían,
vence morería
85   en Jerusalén.

Sacerdotes y frailes   en cadenas presos;
tienen a los abades   en cepos de maderos.
Afán y amargura
les parece holgura[61]
90   en Jerusalén.

Tienen las doncellas,   que eran delicadas,
en cadenas presas   y muy atormentadas.
Afán y quebranto,
hacían grande llanto
95   en Jerusalén.

Ven los cristianos   a sus hijos asar,
ven a sus mujeres   vivas destetar;
vánse por los campos,
cortos pies y manos[62],
100 en Jerusalén.

De las vestimentas   hacían cubiertas;
del Sepulcro Santo   hacían establo;
de las cruces santas
hacían estacas
105 en Jerusalén.

Quien este canto   no quiere oír,
no tiene ganas   de a Dios servir
ni ayudar un tanto
al Concilio santo
110 de Jerusalén.

---

[61] En comparación con lo pasado, la prisión parece descanso.
[62] Torturas a los prisioneros: se asa vivos a los niños, se corta los pechos a las mujeres y los pies y manos a los hombres.

IV. 6
SEM TOB DE CARRIÓN
PROVERBIOS MORALES

DE LA RELATIVIDAD DE LAS COSAS
[Estrofas 112-134]

Toda buena costumbre   ha certera medida,
que si la pasa el hombre,   su bondad es perdida.

Tal es un dedo fuera   de la raya marcada,
como si lejos fuera   de ello una jornada;

pensando que tenía   menos el hombre loco
en lo que se perdía   por mucho que por poco;

cuando por poco estorbo   perdió lo que buscaba,
del gran pesar que tuvo   nunca se consolaba.

No sabe que por cubrirse   del ojo sirve tanto
un lienzo como si fuese   muro de cal y canto,

tanto sé lo que yace   allende del destajo,
cuanto sé lo que se hace   el de allende de Tajo.

Lo que suyo no era,   tanto son dos pasadas
lejos de él, como si fuera   de aquí a veinte jornadas;

tan lejos está ayer   como el año pasado.
A quien ha de ser   de las heridas guardado,

tanto vale un escudo   entre él y la saeta
como que todo el mundo   entre él y ella se meta.

La que no lo hirió,   quedó de un dedo cerca
de él, como la que dio   allende de la cerca.

El día de ayer tanto   alcanzar no podremos,
ni más ni menos, cuanto   hoy mil años haremos.

No por mucho andar,   alcanzan lo pasado,
ni se pierde por quedar   lo que no es llegado.

Ni fea ni hermosa   en el mundo, ya ves,
puede hombre alcanzar cosa,   si no con su revés.

Quién antes no esparce   trigo, no lo allega[63];
si en tierra no yace,   a espiga no llega.

No se puede coger rosa   sin pisar las espinas;
la miel es dulce cosa,   mas tiene agrias vecinas.

La paz no se alcanza,   sino con guerrear;
no se gana la holganza,   sino con el lazrar[64].
No hay noche sin día,   ni segar sin sembrar,
ni caliente sin frío,   ni reír sin llorar.

No hay corto sin luengo[65],   ni tarde sin aína[66],
ni hay sin humo fuego,   ni sin somas[67] harina,

ni ganar sin perder,   ni bajar sin alteza;
salvo en Dios, poder   no lo hay sin flaqueza.

No hay sin tacha cosa,   ni cosa sin zozobra,
ni sin fea hermosa,   ni sol no hay sin sombra.

(La bondad de la cosa   saben por su revés,
por agria la sabrosa,   el haz por el envés.

Si noche no tuviésemos,   ninguna mejoría
conocer no sabriemos[68]   a la lumbre del día.)

---

[63] *allega:* recoge.
[64] *lazrar:* sufrir.
[65] *luengo:* largo.
[66] *aína:* pronto.
[67] *somas:* salvado, cáscara del grano de trigo.
[68] *sabriemos:* sabríamos.

No hay piel sin ijadas[69], ni luego sin después.
ni vientre sin espaldas, ni cabeza sin pies.

ELOGIO DE LA SABIDURÍA
[Estrofas 326-346]

En mundo tan caudal no hay como el saber
ni heredar ni al, ni ningún otro haber.

El saber es la gloria de Dios y la su gracia:
no hay tan noble joya, ni tan buena ganancia;

ni mejor compañón[70] que el libro, ni tal
y tomar intención con él, más que paz val[71].

Cuanto más fuese tomando con el libro porfía[72],
tanto irá ganando buen saber toda vía[73].

Los sabios que quería ver, los hallará
en él, y toda vía con ellos hablará;

los sabios muy granados que hombre deseaba,
filósofos honrados que ver codiciaba.

Lo que de aquellos sabios él codicia tenía,
eran sus sentencias y su sabiduría:

allí lo hallará en el libro marcado,
y respuesta tendrá de ellos por su dictado.

Aprende nueva cosa de muy buen saber cierto,
y mucha buena glosa que hicieron el texto.

---

[69] *ijada:* cavidad situada entre las costillas y el huedo de la cadera.
[70] *compañón:* compañero.
[71] *val:* vale.
[72] *porfía:* empeño, insistencia.
[73] *toda vía:* de todo tipo.

Quería, si no, leer   sus letras y sus versos,
sé que no por ver   sus carnes y sus huesos.

La su sapiencia[74] pura,   escrita la dejaron,
sin ninguna envoltura   corporal la sumaron,

sin vuelta terrenal   de ningún elemento:
saber celestial,   claro entendimiento.

Por esto sólo quiere   todo hombre de cordura
a los sabios ver,   no por la su figura[75].

Por ello tan amigo   no hay como el libro.
(Para los sabios digo,   que con torpes no me libro.)

Ser siervo del sabio   o señor de hombre necio:
de estas dos no me agravio   que valen mismo precio.

El hombre torpe es   el peor animal
que hay en mundo: es-   to es cierto y real.

No sabe más hacer   sino deslealtad,
ni tiene otro placer,   sino hacer maldad.

Lo que él mas entiende   que bestia, en acucia[76]
de engaños lo espiende[77],   y en hacer malicia.

No puede hombre tener   en mundo tal amigo
como el buen saber,   ni peor enemigo

que la su torpedad[78];   y del torpe su saña
más pesa, en verdad,   que arena; ni maña

no hay tan peligrosa,   ni ocasión tamaña,
ni en tierra dudosa   caminar sin compaña.

---

[74] *sapiencia:* sabiduría.
[75] *figura:* aspecto externo.
[76] *acucia:* diligencia.
[77] *espiende:* gasta.
[78] *torpedad:* torpeza.

V. POESÍA CANCIONERIL Y CORTESANA (SIGLO XV)

*L*OS *primeros poemas seleccionados son una pequeña muestra de la variedad temática de los cancioneros: religión, crítica social, lamentos fúnebres y, naturalmente, el amor. No será difícil advertir en ellos el uso de conceptos corteses y el gusto por las contraposiciones. Podemos destacar el de Montoro, poeta judío y sastre de profesión, que se lamenta de la discriminación que sufre su raza, y el de Florencia Pinar, una de las pocas poetisas de la época.*

Los textos del marqués de Santillana reflejan cómo los poetas cultivaban al tiempo decires y canciones. El fragmento de La comedieta de Ponza, *un amplio decir, es la primera adaptación al castellano del* Beatus ille *del poeta latino Horacio, que tan famoso se hará a partir del Renacimiento; en él se alaba la tranquila vida de las gentes sencillas que viven en contacto con la naturaleza. De este autor traemos también dos poemas en versos breves: una refinada serranilla (V. 2. 4), cuya idealizada protagonista contrasta vivamente con la zafia y brutal aldeana de Juan Ruiz (véase su poema en pág. 129); y un ejemplo (V. 2. 5) de cómo los poetas cultos del XV rescataban los cantarcillos tradicionales incluyéndolos en sus composiciones a modo de estribillos (véase II. 2).*

En el gran poema Laberinto de Fortuna, *de Juan de Mena, se relata su viaje alegórico, guiado por la Providencia, por el Palacio de la Fortuna, y las reflexiones morales que se derivan de los encuentros con distintos personajes allí encerrados. Se recoge el comienzo del poema y una descripción de las tres ruedas de la Fortuna.*

Sin embargo, tal vez lo más interesante sea comparar un mismo episodio, tratado por dos autores diferentes en sendos poemas alegóricos. Se trata de la conversación con Macías, trovador del siglo XIV, famoso, más que por su obra, por una leyenda que le suponía muerto por amor. El frío e intelectual Mena, al encontrarse con él, le muestra arrepentido, al tiempo que, con afán didáctico, reflexiona sobre el poder del amor. En la versión del más compasivo Santillana, en su Infierno de los enamorados *(V. 2. 2), Macías se limita, en cambio, a añorar melancólicamente su felicidad en la tierra.*

Dada la complejidad temática y estilística de estos fragmentos que presentamos, de léxico culto y sintaxis enrevesada, se incluye siempre un breve resumen al principio de cada fragmento y se aclaran los pasajes difíciles en nota.

Sobre las Coplas a la muerte de su padre, *de Jorge Manrique, que se recogen íntegras, se ha dado ya información general en la introducción. Añadamos que, teniendo en cuenta que se trata de una elegía, puede compararse con V. 1. 9, más breve aunque también bellísima.*

De la Danza de la muerte *se han seleccionado algunas estrofas que muestran las grotescas reacciones de varios personajes, representativos de la variedad social del poema, ante su destino inevitable. No cabe más contraste con la serena actitud de don Rodrigo en las* Coplas *(véase n.º 16, estrofas 38, 39 y 40).*

> *Los textos V.2. 1, 2; V. 3 y V. 5 aparecen numerados por estrofas; el resto, por versos. En el caso de las* Coplas, *como es tradicional, utilizamos tanto la numeración de estrofas como la de versos.*

* * *

V. 1
POESÍA DE CANCIONEROS
V. 1. 1

FRAY ÍÑIGO DE MENDOZA

*¿Eres niño y has amor:
qué harás cuando mayor?*

   Pues que en tu natividad
te quema la caridad,
en tu varonil edad
¿quién sufrirá su calor?
*¿Eres niño y has amor:
qué harás cuando mayor?*

   Será tan vivo su fuego,
que con importuno ruego,
por salvar el mundo ciego,
te dará mortal dolor.
*¿Eres niño y has amor:
qué harás cuando mayor?*

15   Arderá tanto tu gana,
    que por la natura humana
    querrás pagar su manzana
    con muerte de malhechor[1].
    ¿Eres niño y has amor:
20 *qué harás cuando mayor?*

    ¡Oh amor digno de espanto!
    pues que en este niño santo
    has de pregonarte tanto,
    cantemos a su loor:
25 *¿Eres niño y has amor:*
    qué harás cuando mayor?

V. 1. 2

COMENDADOR ESCRIVÁ

«CANCIÓN»

    Ven, muerte tan escondida,
    que no te sienta conmigo,
    porque el gozo de contigo[2]
    no me torne a dar la vida.

5   Ven como rayo que hiere,
    que hasta que ha herido
    no se siente su ruido,
    por mejor herir do quiere;
    así sea tu venida,

---

[1] Alude, naturalmente, a la manzana de Adán y Eva, causa del pecado original que Jesús viene a borrar.

[2] «De estar contigo.»

10 si no, desde aquí me obligo
que el gozo que habré contigo
me dará de nuevo vida.

V. 1. 3

ALFONSO ÁLVAREZ DE VILLASANDINO

Viso enamoroso[3],
duélete de mí,
pues vivo pensoso[4]
deseándote a ti.

5   Y si tu hermosura
me puso en prisión,
por la cual ventura
del mi corazón
nos parte tristura
10 en toda sazón:
por en tu figura
me entristece así[5].

Todo el mi cuidado
es a ti loar,
15 que el tiempo pasado
no puedo olvidar;
farás aguisado[6]
de mí te membrar,
pues siempre de grado
20 leal te serví.

---

[3] *Viso enamoroso:* rostro amoroso, que enamora.
[4] *pensoso:* pensativo, preocupado.
[5] Juego de opuestos: «la felicidad de mi corazón me provoca tristeza en toda ocasión.»
[6] *farás aguisado:* será apropiado.

Estoy cada día
triste sin placer;
si tan sólo un día
te pudiese ver,
25 me consolaría
con tu aparecer,
y por en[7] cobraría
el bien que perdí.

V. 1. 4

CARVAJAL

«CANCIÓN HECHA CON MUCHA TRISTEZA Y DOLOR POR LA PARTIDA DE MI ENAMORADA»

Vos partís, y a mí dejáis
en muy áspera prisión,
y vos sola vos lleváis
la llave de mi corazón.

5 Y en aquesta prisionía,
siempre amando y suspirando,
fenescerá[8] la vida mía,
muerte o gracia esperando.
Ya, por Dios, vos no queráis
10 que yo muera en esta prisión,
pues vos sola vos lleváis
la llave de mi corazón.

---

[7] *por en:* por ello.
[8] *fenescerá:* acabará, terminará.

V. 5

Desnuda en una quenza[9],
lavando a la fontana[10],
estaba la niña lozana
las manos sobre la trenza.

5 Sin zarcillos ni sartal[11],
en una corta camisa,
hermosura natural,
la boca llena de risa,
descubierta la cabeza
10 como ninfa de Diana[12],
miraba la niña lozana
las manos sobre la trenza.

V. 1. 6

ANTÓN DE MONTORO
«A LA REINA DOÑA ISABEL»

¡Oh, ropero[13] amargo, triste,
que no sientes tu dolor!
Sesenta años que naciste
y en todos siempre dijiste:

---

[9] *en una quenza:* en camisa.
[10] *fontana:* fuente.
[11] «Sin nada para lavar.»
[12] Diana, la diosa romana de los bosques, estaba siempre acompañada de una corte de divinidades menores muy bellas, llamadas ninfas, que naturalmente iban desnudas.
[13] *ropero:* sastre, profesión real del autor.

5 «*inviolata permaniste*»[14];
 y nunca juré al Creador.
 Hice el Creado y adorar
 ollas de tocino grueso,
 torreznos a medio asar,
10 oír misas y rezar,
 santiguar y persignar,
 y nunca pude matar
 este rastro de confeso.

 Los hinojos encorvados[15]
15 y con muy gran devoción,
 en los días señalados,
 con gran devoción contados
 y rezados
 los nudos de la Pasión[16],
20 adorando a Dios y Hombre,
 por muy alto Señor mío,
 por do mi culpa se escombre[17],
 no pude perder el nombre
 de viejo puto judío.

25 Pues, alta reina sin par,
 en cuyo mando consiste,
 gran razón es de loar
 y ensalzar
 la muy santa fe de Cristo.
30 Pues, reina de gran valor,
 que la santa fe acrecienta,
 no quiere Nuestro Señor

---

[14] Alude a la creencia en la inmaculada concepción.
[15] «De rodillas.»
[16] Nudos en un cordón en recuerdo del *via crucis*.
[17] *se escombre:* se limpie.

con furor,
la muerte del pecador,
35 mas que viva y se arrepienta.

Pues, reina de gran estado,
hija de angélica madre,
aquel Dios crucificado,
muy abierto su costado
40 e inclinado,
dijo: «Perdónalos, Padre.»
Pues, reina de autoridad,
esta muerte sin sosiego
cese ya por tu piedad
45 y bondad,
hasta allá por Navidad,
cuando sabe bien el fuego[18].

V. 1. 7

JUAN ÁLVAREZ GATO

«CANCIÓN QUE HIZO A LO QUE EN ÉL ESTABA»

No le des prisa, dolor,
a mi tormento crecido,
que a las veces el olvido
es un concierto de amor.

5   Que do más la pena hiere,
allí está el querer callado,
y lo más disimulado

---

[18] Alusión irónica a las hogueras que se solían hacer por Navidad.

aquello es lo que se quiere;
aunque es el daño mayor
10 del fuego no conocido,
a las veces el olvido
es un concierto de amor.

V. 1. 8

FLORENCIA PINAR

«CANCIÓN A UNAS PERDICES QUE LE ENVIARON VIVAS»

De estas aves su nación[19]
es cantar con alegría,
y de verlas en prisión
siento yo grave pasión
5 *sin sentir nadie la mía.*

Ellas lloran que se vieron
sin temor de ser cautivas,
y, a quien eran más esquivas,
esos mismos las prendieron.
10 Sus nombres mi vida son,
que va perdiendo alegría,
y de verlas en prisión
siento yo grave pasión
sin sentir nadie la mía.

---

[19] *nación:* destino natural.

V. 1. 9

ANÓNIMO
«ENDECHAS A LA MUERTE DE GUILLÉN PERAZA»

Llorad las damas, sí Dios os vala[20],
Guillén Peraza quedó en la Palma,
la flor marchita de la su cara.

No eres palma, eres retama[21],
5 eres ciprés de triste rama,
eres desdicha, desdicha mala.

Tus campos rompan tristes volcanes,
no vean placeres, sino pesares,
cubran tus flores los arenales.

10 Guillén Peraza, Guillén Peraza,
¿dó está tu escudo, dó está tu lanza?
Todo lo acaba la malandanza.

---

[20] *vala:* valga.
[21] «Tú, isla, pudiendo haber sido palma, planta de victoria, eres retama, planta de luto.»

V. 2
MARQUÉS DE SANTILLANA
V. 2. 1

COMEDIETA DE PONZA
ELOGIO DE LA VIDA SENCILLA

16   ¡Benditos aquéllos que con el azada[22]
     sustentan su vida y viven contentos
     y, de cuando en cuando, conocen morada
     y sufren pacientes las lluvias y vientos!
     Pues éstos no temen sus movimientos,
     ni saben las cosas del tiempo pasado,
     ni de las presentes se hacen cuidado
     ni las venideras do han nacimientos[23].

17   ¡Benditos aquéllos que siguen las fieras
     con las gruesas redes y canes ardidos[24],
     y saben las trochas y las delanteras[25]
     e hieren del arco en tiempos debidos!
     Pues éstos por saña no son conmovidos,
     ni vana codicia los tiene sujetos;
     no quieren tesoros ni sienten defectos,
     ni turban temores sus libres sentidos.

18   ¡Benditos aquéllos que cuando las flores
     se muestran al mundo deciben[26] las aves,

---

[22] Hoy decimos «la azada».
[23] «No temen a los cambios de la Fortuna ni se preocupan por saber del pasado, del presente o del futuro que aún ha de venir».
[24] *ardidos:* valientes.
[25] «Conocen los atajos y los caminos.»
[26] *deciben:* engañan.

> y huyen las pompas   y vanos honores,
> y ledos escuchan   sus cantos süaves!
> ¡Benditos aquellos   que en pequeñas naves
> siguen los pescados   con pobres traínas![27],
> pues éstos no temen   las lides marinas,
> ni cierra sobre ellos   Fortuna sus llaves [...].

V. 2. 2

INFIERNO DE LOS ENAMORADOS
ENCUENTRO CON EL POETA MACÍAS

El autor, tras haber hablado con varios personajes de la mitología y antigüedad grecorromana condenados en el infierno de los que pecaron por amor, oye voces en castellano y se acerca a ellas. Uno resulta ser Macías, que añora con tristeza los placeres perdidos, y más en comparación con su sufrimiento presente.

> 59   Las cuales, desque me vieron
> y sintieron mis pisadas,
> una a otra se volvieron
> bien como maravilladas:
> «¡Oh, ánimas afanadas!»[28],
> yo les dije, «que en España
> nacisteis, si no me engaña
> el habla, o fuisteis criadas,
>
> 60   decidme, ¿de qué materia
> tratades[29], después del lloro

---

[27] *traínas:* redes pequeñas de pesca.
[28] *afanadas:* apuradas, inquietas.
[29] *tratades:* tratáis, ocupáis.

en este limbo y miseria
do Amor hizo su tesoro?
Asimismo vos imploro
que sepa yo do nacisteis
y cómo y por qué vinisteis
en el miserable coro».

61   Y bien como la sirena
cuando plañe a la marina[30],
comenzó su cantilena[31]
la un ánima mezquina
diciendo: «Persona digna
que por el fuego pasaste,
escucha, pues preguntaste,
si piedad algo te inclina.

62   La mayor cuita que haber
puede ningun amador
es membrarse[32] del placer
en el tiempo del dolor;
y ya sea que el ardor
del fuego nos atormenta,
mayor pena nos aumenta
esta tristeza y langor[33].

63   Y sabe que nos tratamos
de los bienes que perdimos
y del gozo que pasamos,
mientras en el mundo vivimos,
hasta tanto que vinimos
a arder en aquesta llama,

---

[30] *a la marina:* en el mar.
[31] *cantilena:* discurso aburrido y repetitivo.
[32] *membrarse:* recordar
[33] *langor:* melancolía.

do no se curan de fama
ni de glorias que tuvimos.

64 Y si por ventura quieres
saber por qué soy penado,
pláceme[34], porque si fueres
al tu siglo trasportado,
digas que fui condenado
por seguir de Amor sus vías;
y finalmente Macías
en España fui llamado.»

V. 2. 3

SONETO IX

Elogio de la belleza de la dama, comparando sus rubios cabellos a los rayos del sol (v. 1, pues Apolo Febo era el dios clásico del sol), al oro (v. 2: Arabia se creía tierra rica en oro) y al topacio, piedra preciosa de color amarillo (v. 4), y su piel blanca y sus ojos verdes a un jardín con blancos jazmines (vv. 5-6), y una perla y un rubí, piedra preciosa de color verde (v. 12).

Non es el rayo del Febo luciente,
ni los filos de Arabia más hermosos
que los vuestros cabellos luminosos,
ni gema de topaza tan fulgente[35].
5 Eran ligados de un verdor placiente
y flores de jazmín que los ornaba[36],

---

[34] *pláceme:* me gustaría.
[35] *topaza fulgente:* topacio brillante.
[36] *ornaba:* adornaba.

y su perfecta belleza mostraba
cual viva llama o estrella de Oriente.
  Loó mi lengua, aunque sea indigna,
10 aquel buen punto que primero vi
la vuestra imagen y forma divina,
  tal como perla y claro rubí
y vuestra vista társica[37] y benigna
a cuyo esguarde[38] y merced me di.

V.24

SERRANILLA VII

  Moza tan hermosa
no vi en la frontera,
como una vaquera
de la Finojosa.

5   Haciendo la vía
del Calatraveño
a Santa María,
vencido del sueño,
por tierra fragosa[39]
10 perdí la carrera,
do vi la vaquera
de la Finojosa.

  En un verde prado
de rosas y flores,
15 guardando ganado

---

[37] *társica:* de color verde.
[38] *esguarde:* mirada, atención.
[39] *fragosa:* escarpada

　　　　　con otros pastores,
　　　　　la vi tan graciosa,
　　　　　que apenas creyera
　　　　　que fuese vaquera
　　20　 de la Finojosa.

　　　　　No creo las rosas
　　　　　de la primavera
　　　　　sean tan hermosas
　　　　　ni de tal manera
　　25　 (hablando sin glosa[40])
　　　　　si antes supiera
　　　　　de aquella vaquera
　　　　　de la Finojosa.

　　　　　No tanto mirara
　　30　 su mucha beldad,
　　　　　porque me dejara
　　　　　en mi libertad.
　　　　　Mas dije: «Donosa
　　　　　—por saber quién era—,
　　35　 ¿aquella vaquera
　　　　　de la Finojosa?...»

　　　　　Bien como riendo,
　　　　　dijo: «Bien vengades[41],
　　　　　que ya bien entiendo
　　40　 lo que demandades:
　　　　　no es deseosa
　　　　　de amar, ni la espera,
　　　　　aquesa vaquera
　　　　　de la Finojosa.»

---

[40] *sin glosa:* sin exagerar.
[41] *vengades:* vengáis, como luego *demandades,* demandáis.

V.25

VILLANCICO

Por una gentil floresta
de lindas flores y rosas
vide[42] tres damas hermosas,
que de amores han recuesta[43].
5 Yo con voluntad muy presta
me llegué a conocellas:
comenzó la una de ellas
esta canción tan honesta:

Aguardan a mí;
10 *nunca tales guardas vi.*

Por mirar su hermosura
de estas tres gentiles damas,
yo cubríme con las ramas[44],
metíme so la verdura.
15 La otra con gran tristura
comenzó de suspirar,
a decir este cantar
con muy honesta mesura:

La niña que amores ha,
20 *sola, ¿cómo dormirá?*

Por no les hacer turbanza
no quise ir más adelante
a las que con ordenanza

---

[42] *vide:* vi.
[43] «Que andan metidas en asuntos de amor.»
[44] «Me escondí bajo los árboles.»

cantaban tan consonante[45].
25 La otra con buen semblante
dijo: «Señoras de estado[46],
pues las dos habéis cantado,
a mí conviene que cante»:

Dejadlo al villano, pene[47],
30 *véngueme Dios de elle*[48].

Desque ya hubieron cantado
estas señoras que digo,
yo salí desconsolado,
como hombre sin abrigo.
35 Ellas dijeron: «Amigo,
no sois vos el que buscamos;
mas cantad, pues que cantamos:

Suspirando iba la niña,
e no por mí,
40 *que yo bien se lo entendí».*

---

[45] «cantaban con técnica y gracia».
[46] *de estado:* nobles.
[47] *pene:* lo pase mal, sufra.
[48] *elle:* él.

V. 3

JUAN DE MENA
LABERINTO DE FORTUNA

Dedicatoria al rey Juan II y argumento: inconstancia de la Fortuna en todos los tiempos.

1   Al muy prepotente   don Juan el segundo,
    aquél con quien Júpiter   tuvo tal celo,
    que tanta de parte   le hizo del mundo
    cuanta a sí mismo   se hizo en el cielo[49];
    al gran rey de España,   al César novelo[50],
    al que con Fortuna   es bien fortunado,
    aquél en quien cabe   virtud y reinado,
    a él, la rodilla   hincada por suelo.

2   Tus casos falaces[51],   Fortuna, cantamos
    estados de gentes   que giras y trocas[52],
    tus grandes discordias,   tus firmezas pocas,
    y los que en tus ruedas   quejosos hallamos,
    hasta que al tiempo   de agora[53] vengamos:
    de hechos pasados   codicia mi pluma,
    y de los presentes,   hacer breve suma;
    y dé fin Apolo,   pues nos comenzamos.

---

[49] «El dios Júpiter honró tanto a Juan II en la tierra como a sí mismo en el cielo.»
[50] *novelo:* nuevo.
[51] *falaces:* falsos, que atraen con su engañosa apariencia.
[52] «La rueda de la Fortuna, girando, hace que cambie la suerte de las personas.»
[53] *agora:* ahora.

LAS TRES RUEDAS DE LA FORTUNA

El autor contempla las tres ruedas de la fortuna (56), observando que debajo de cada una hay muchas personas, aunque en un caso tienen sus caras tapadas por velos (57); la Providencia le explica que la rueda que se mueve es la del presente, mientras que las inmóviles corresponden al pasado, que ya ha sucedido, y al futuro, que aún debe suceder (58), por lo que es inútil que los hombres pretendan conocer el futuro anticipadamente (59-60).

56 Volviendo los ojos   a do me mandaba,
vi más adentro   muy grandes tres ruedas:
las dos eran firmes,   inmotas y quedas[54]
mas la de en medio   voltar[55] no cesaba;
y vi que debajo   de todas estaba
caída por tierra   gran gente infinita
que había en la frente   cada cual escrita
el nombre y la suerte   por donde pasaba;

57 aunque la una   que no se movía,
la gente que en ella   había de ser
y la que debajo   esperaba caer
con túrbido velo   su mote cubría[56].
Yo que de aquesto   muy poco sentía
hice de mi duda   cumplida palabra,
a mi guiadora   rogando que abra
esta figura   que non entendía.

---

[54] *inmotas y quedas:* cultismos; «inmóviles y quietas».
[55] *voltar:* dar vueltas, girar.
[56] «Cubría su cara con un oscuro velo.»

58   La cual me respuso[57]: «Saber te conviene
que de tres edades   que quiero decir:
pasadas, presentes   y de por venir;
ocupa su rueda   cada cual y tiene;
las dos que están quedas,   la una contiene
la gente pasada   y la otra futura;
la que se vuelve   en el medio procura[58]
la que en el siglo   presente detiene.

59   Así que conoce   tú que la tercera
contiene las formas   y las simulacras[59]
de muchas personas   profanas y sacras,
de gente que al mundo   será venidera,
y por tanto cubierta   de tal velo era
su faz, aunque formas   tú vieses de hombres,
porque sus vidas   aun ni sus nombres
saberse por seso   mortal no pudiera.

60   El humano seso   se ciega y oprime
en las bajas artes   que le da Minerva[60];
pues ve lo que haría   en las que reserva
aquél que los fuegos   corruscos esgrime[61].
Por eso ninguno   no piense ni estime,
prestigïando,   poder ser sciente
de lo concebido   en la divina mente,
por mucho que en ello   trascienda ni rime[62].

---

[57] *respuso:* respondió.
[58] *procura:* dirige.
[59] *simulacras:* apariencias.
[60] Es decir, la sabiduría humana, representada por la diosa Minerva.
[61] La sabiduría divina, de Júpiter, quien domina los rayos o *fuegos corruscos.*
[62] «Nadie crea que podrá ser consciente (*sciente*) de lo que planea Dios por mucho que lo piense o considere.»

ENCUENTRO CON EL POETA MACÍAS

Caminando por el círculo de Venus, donde se hallan los que pecaron por amor (105), el autor escucha a Macías advirtiendo a quienes aman que aprendan de su ejemplo las consecuencias que puede tener una pasión sin control (106-108). El autor se pregunta cómo es posible que personas inteligentes se dejen arrastrar a tan ciegos sentimientos (109). La Providencia le explica que, frente al amor falso, existe un amor verdadero que no conoce obstáculos y se crece ante todas las dificultades (113); además, gracias a la dulce unión de dos almas, es fuente de felicidad (115).

105 Tanto anduvimos el cerco[63] mirando,
que nos hallamos con nuestro Macías,
y vimos que estaba llorando los días
con que su vida tomó fin amando;
lleguéme más cerca turbado yo, cuando
vi ser un tal hombre de nuestra nación,
y vi que decía tal triste canción,
en elegíaco verso cantando:

106 «Amores me dieron corona de amores,
porque mi nombre por más bocas ande:
entonces no era mi mal menos grande,
cuando me daban placer sus dolores;
vencen el seso los dulces errores,
mas no dura siempre según luego placen;
pues me hicieron del mal que vos hacen,
sabed al amor desamar, amadores.

---

[63] *cerco:* círculo.

107 »Huid un peligro tan apasionado,
sabed ser alegres, dejad de ser tristes,
sabed deservir a quien tanto servistes[64],
a otros que amores dad vuestro cuidado,
los cuales si diesen por un igual grado
sus pocos placeres según su dolor,
no se quejara ningún amador,
ni desesperara ningún desamado.

108 »Y bien como cuando algún malhechor,
al tiempo que hacen de otro justicia,
temor de la pena le pone codicia
de allí adelante vivir ya mejor,
mas desque pasado por él el temor
vuelve a sus vicios como de primero,
así me volvieron a do desespero
amores que quieren que muera amador.»

109 Tan gran multitud turbada viendo
por fuego vicioso de ilícito amor,
hablé: «Providencia, tú dime mejor
aquesta mi duda, que yo non entiendo:
éstos atanto discretos siendo[65],
¿por qué así quisieron amar ciegamente?
Bullada[66] debieran tener en la frente
la pena que andan aquí padeciendo [...].»

---

[64] El «servicio» es un típico término feudal usado metafóricamente por el amor cortés.
[65] «Siendo éstos tan inteligentes.»
[66] *bullada:* marcada.

Responde la Providencia:

113 «Entonces se puede   obrar discreción
cuando amor es ficto,   vanílocuo, pigro[67],
mas el verdadero   no teme peligro,
ni quiere castigos[68]   de buena razón,
ni los juïcios   de cuantos ya son
le estorban la vía   de como la entiende;
ante sus flamas[69]   mayores enciende
cuando le ponen   mayor defensión[70]» [...].

115   El cual es tal medio   de dos corazones
que la voluntad   que estaba no junta
la su dulcedumbre   concorda y ayunta
haciéndoles una   sus dos opiniones[71],
y dando tal parte   de sus afecciones
a los amadores   sin gozo cadena,
y a los amados   deleite sin pena,
a los menos méritos   más galardones[72].

---

[67] Características del falso amor: fingido, jactancioso y perezoso.
[68] *castigos:* consejos.
[69] *flamas:* llamas.
[70] *defensión:* prohibición.
[71] La dulzura del amor une y armoniza dos espíritus en uno.
[72] Aunque reparte desigualmente sus efectos, pues al amado le concede placer sin esfuerzo, mientras que el que ama recibe dolor sin recompensa.

V. 4
JORGE MANRIQUE
COPLAS A LA MUERTE DE SU PADRE

[I]

Recuerde[73] el alma dormida,
avive el seso y despierte,
contemplando
cómo se pasa la vida,
cómo se viene la muerte
tan callando;
cuán presto se va el placer,
cómo, después de acordado,
da dolor;
cómo, a nuestro parecer,
cualquiera tiempo pasado
fue mejor.

[II]

Pues, si vemos lo presente
cómo en un punto se es ido
y acabado,
si juzgamos sabiamente,
daremos lo no venido
por pasado.
No se engañe nadie, no,
pensando que ha de durar
lo que espera

---

[73] *Recuerde:* despierte.

más que duró lo que vio,
pues que todo ha de pasar
por tal manera.

[III]

25   Nuestras vidas son los ríos
que van a dar en la mar,
que es el morir;
allí van los señoríos
derechos a se acabar
30   y consumir;
allí los ríos caudales,
allí los otros, medianos
y más chicos,
allegados[74] son iguales,
35 los que viven por sus manos
y los ricos.

[IV]

Dejo las invocaciones
de los famosos poetas
y oradores;
40 no curo de sus ficciones,
que traen yerbas secretas
sus sabores;
a Aquél sólo me encomiendo,
a Aquél sólo invoco yo
45   de verdad,
que en este mundo viviendo,
el mundo no conoció
su deidad.

---

[74] *allegados:* al llegar al mar, es decir, a la muerte.

[V]

Este mundo es el camino
para el otro, que es morada
    sin pesar;
mas cumple tener buen tino
para andar esta jornada
    sin errar.
    Partimos cuando nacemos,
andamos mientras vivimos,
    y llegamos
al tiempo que fenecemos;
así que cuando morimos
    descansamos.

[VI]

Este mundo bueno fue
si bien usásemos de él
    como debemos,
porque, según nuestra fe,
es para ganar aquél
    que atendemos[75]
    Y aun aquel Hijo de Dios
para subirnos al cielo
    descendió
a nacer acá entre nos,
y vivir en este suelo
    do murió.

---

[75] *atendemos:* esperamos.

[VII]

85 Ved de cuán poco valor
son las cosas tras que andamos
y corremos,
que, en este mundo traidor,
aun primero que muramos
90 las perdemos:
de ellas[76] deshace la edad,
de ellas casos desastrados
que acaecen,
de ellas, por su calidad,
95 en los más altos estados
desfallecen[77].

[VIII]

Decidme: la hermosura,
la gentil frescura y tez
de la cara,
100 la color y la blancura,
cuando viene la vejez,
¿cuál se para?[78]
Las mañas y ligereza
y la fuerza corporal
105 de juventud
todo se torna graveza[79]
cuando llega al arrabal
de senectud.

---

[76] *de ellas:* algunas.
[77] *desfallecen:* entran en decadencia.
[78] «¿En qué acaban?»
[79] *graveza:* pesadez, falta de fuerzas.

[IX]

Pues la sangre de los godos[80]
110 y el linaje y la nobleza
tan crecida,
¡por cuántas vías y modos
se sume su gran alteza
en esta vida!
115 Unos, por poco valer,
¡por cuán bajos y abatidos
que los tienen!
Y otros que, por no tener,
con oficios no debidos
120 se mantienen.

[X]

Los estados y riqueza,
que nos dejen a deshora,
¿quién lo duda?
No les pidamos firmeza,
125 pues que son de una señora
que se muda:
que bienes son de Fortuna
que revuelve con su rueda
presurosa,
130 la cual no puede ser una,
ni estar estable ni queda
en una cosa.

---

[80] «La sangre noble.»

[XI]

Pero digo que acompañen
y lleguen hasta la huesa[81]
135 con su dueño:
por eso no nos engañen,
pues se va la vida apriesa
como sueño.
Y los deleites de acá
140 son, en que nos deleitamos,
temporales,
y los tormentos de allá,
que por ellos esperamos,
eternales.

[XII]

145 Los placeres y dulzores
de esta vida trabajada[82]
que tenemos,
¿qué son sino corredores[83],
y la muerte la celada
150 en que caemos?
No mirando nuestro daño,
corremos a rienda suelta
sin parar;
desque vemos el engaño
155 y queremos dar la vuelta,
no hay lugar.

---

[81] *huesa:* sepultura.
[82] *trabajada:* de trabajo, de sufrimiento.
[83] *corredores:* avanzadillas.

[XIII]

Si fuese en nuestro poder
hacer la cara hermosa
        corporal,
como podemos hacer
el ánima gloriosa
        angelical,
¡qué diligencia tan viva
tuviéramos toda hora
        y tan presta
en componer la cautiva,
dejándonos la señora
        descompuesta!⁸⁴

[XIV]

Esos reyes poderosos
que vemos por escrituras
        ya pasadas,
con casos tristes, llorosos,
fueron sus buenas venturas
        trastornadas;
así que no hay cosa fuerte,
que a papas y emperadores
        y prelados
así los trata la muerte
como a los pobres pastores
        de ganados.

---

⁸⁴ El sentido de la estrofa es: la cara es la esclava (cautiva) del alma (señora), pero nos esforzamos más por la primera que por la segunda, aun siendo ésta más importante.

[XV]

Dejemos a los troyanos,
170 que sus males no los vimos,
ni sus glorias;
dejemos a los romanos,
aunque oímos y leímos
sus historias;
175 no curemos de saber
lo de aquel siglo pasado
qué fue de ello;
vengamos a lo de ayer,
que tan bién es olvidado
180 como aquello.

[XVI]

¿Qué se hizo el rey don Juan?[85]
Los infantes de Aragón,
¿qué se hicieron?
¿Qué de tanto galán?
185 ¿Qué de tanta invención[86]
que trajeron?
Las justas y los torneos,
paramentos, bordaduras,
y cimeras[87],
190 ¿fueron sino devaneos?
¿Qué fueron sino verduras
de las eras?

---

[85] A partir de aquí y en las siguientes estrofas se evocan diversos reyes, príncipes y nobles muertos hacía poco, como ejemplo de lo poco perdurable de las cosas de este mundo.

[86] *invención:* creación, especialmente poética, aludiendo a lo popular que era la poesía entre los nobles del siglo XV.

[87] Diversos elementos del traje de caballero.

[XVII]

¿Qué se hicieron las damas,
sus tocados, sus vestidos,
195   sus olores?
¿Qué se hicieron las llamas
de los fuegos encendidos
    de amadores?
¿Qué se hizo aquel trovar,
200 las músicas acordadas[88]
    que tañían?
¿Qué se hizo aquel danzar,
aquellas ropas chapadas[89]
    que traían?

[XVIII]

205   Pues el otro, su heredero,
don Enrique, ¡qué poderes
    alcanzaba!
¡Cuán blando, cuán halaguero
el mundo con sus placeres
210   se le daba!
Mas veréis cuán enemigo,
cuán contrario, cuán cruel
    se le mostró,
habiéndole sido amigo,
215 cuán poco duró con él
    lo que le dio.

---

[88] *acordadas:* armónicas.
[89] *chapadas:* adornadas con oro y plata.

[XIX]

Las dádivas desmedidas,
los edificios reales
   llenos de oro,
220 las vajillas tan fabridas[90]
los enriques y reales[91]
   del tesoro,
los jaeces[92], los caballos
de sus gentes, y atavíos
225   tan sobrados,
¿dónde iremos a buscallos?
¿qué fueron sino rocíos
   de los prados?

[XX]

Pues su hermano el inocente[93],
230 que en su vida sucesor
   se llamó,
¡qué corte tan excelente
tuvo, y cuánto gran señor
   le siguió!
235 Mas, como fuese mortal,
metiólo la Muerte luego
   en su fragua.
¡Oh juicio divinal!,
cuando más ardía el fuego
240   echaste agua!

---

[90] *fabridas:* bien labradas, lujosas.
[91] Son dos tipos de monedas de la época.
[92] *jaeces:* adornos de los caballos.
[93] El príncipe Alfonso, posible sucesor al trono, que murió joven.

[XXI]

Pues aquel gran condestable[94]
maestre que conocimos
tan privado,
no cumple que de él se hable,
245 sino sólo que lo vimos
degollado.
Sus infinitos tesoros,
sus villas y sus lugares,
su mandar,
250 ¿qué le fueron sino lloros?
¿qué fueron sino pesares
al dejar?

[XXII]

Y los otros dos hermanos,
maestres tan prosperados
255 como reyes,
que a los grandes y medianos
trajeron tan sojuzgados
a sus leyes,
aquella prosperidad
260 que tan alto fue subida
y ensalzada,
¿qué fue sino claridad,
que, cuando más encendida,
fue amatada[95]?

---

[94] Don Álvaro de Luna, hombre de confianza *(privado)* de Juan II, pasó de ser poderosísimo a morir degollado.
[95] *amatada:* apagada.

[XXIII]

265 Tantos duques excelentes,
tantos marqueses y condes,
y varones
como vimos tan potentes,
di, Muerte, ¿dó los escondes
270 y traspones[96]?
Y las sus claras hazañas
que hicieron en las guerras
y en las paces,
cuando tú, cruda, te ensañas,
275 con tu fuerza las atierras[97]
y deshaces.

[XXIV]

Las huestes innumerables,
los pendones, estandartes
y banderas,
280 los castillos impugnables
los muros y baluartes
y barreras,
la cava honda, chapada,
o cualquier otro reparo,
285 ¿qué aprovecha?,
que, si tú vienes airada,
todo lo pasas de claro
con tu flecha[98].

---

[96] *traspones:* escondes.
[97] *atierras:* derribas.
[98] Ninguna defensa *(reparo)* impide a la muerte alcanzar sus objetivos.

[XXV]

Aquél de buenos abrigo,
amado por virtuoso
de la gente,
el maestre don Rodrigo
Manrique, tanto famoso
y tan valiente,
sus hechos grandes y claros
no cumple que los alabe,
pues los vieron,
ni los quiero hacer caros[99],
pues el mundo todo sabe
cuáles fueron.

[XXVI]

¡Qué amigo de sus amigos!
¡Qué señor para criados
y parientes!
¡Qué enemigo de enemigos!
¡Qué maestro de esforzados
y valientes!
¡Qué seso para discretos!
¡Qué gracia para donosos!
¡Qué razón!
¡Qué benigno a los sujetos[100],
y a los bravos y dañosos
qué león!

---

[99] «No quiero alabarlos en exceso».
[100] «¡Qué bondadoso con sus súbditos!»

[XXVII]

En ventura Octaviano[101],
Julio César en vencer
    y batallar,
en la virtud Africano,
Aníbal en el saber
    y trabajar,
en la bondad un Trajano,
Tito en liberalidad
    con alegría,
en su brazo Aureliano,
Marco Atilio en la verdad
    que prometía.

[XXVIII]

Antonio Pío en clemencia,
Marco Aurelio en igualdad
    del semblante,
Adriano en elocuencia,
Teodosio en humildad
    y buen talante.
Aurelio Alexandre fue
en disciplina y rigor
    de la guerra,
un Constantino en la fe,
Camilo en el gran amor
    de su tierra.

---

[101] En ésta y la siguiente estrofas se compara a don Rodrigo con famosos personajes de la antigüedad; se advierte ya la cercanía del Renacimiento.

[XXIX]

No dejó grandes tesoros,
ni alcanzó muchas riquezas
  ni vajillas,
340 mas hizo guerra a los moros,
ganando sus fortalezas
  y sus villas;
y en las lides que venció,
muchos moros y caballos
345   se perdieron,
y en este oficio ganó
las rentas y los vasallos
  que le dieron.

[XXX]

Pues por su honra y estado,
350 en otros tiempos pasados
  ¿cómo se hubo?[102]
Quedando desamparado,
con hermanos y criados
  se sostuvo.
355 Después que hechos famosos
hizo en esta dicha guerra
  que hacía,
hizo tratos tan honrosos,
que le dieron aún más tierra
360   que tenía.

---

[102] «¿Cómo se comportó?»

[XXXI]

Estas sus viejas historias,
que con su brazo pintó
   en juventud,
con otras nuevas victorias
365 ahora las renovó
   en senectud.
Por su gran habilidad,
por méritos y ancianía
   bien gastada,
370 alcanzó la dignidad
de la gran caballería
   de la Espada.

[XXXII]

Y sus villas y sus tierras,
ocupadas de tiranos
375   las halló,
mas por cercos y por guerras
y por fuerza de sus manos
   las cobró.
Pues nuestro rey natural
380 si de las obras que obró
   fue servido,
dígalo el de Portugal[103],
y en Castilla quien siguió
   su partido.

---

[103] Alusión a los enemigos contra los que combatió, que pueden testimoniar acerca de sus servicios al rey.

[XXXIII]

385 Después de puesta la vida
tantas veces por su ley
    al tablero[104],
después de tan bien servida
la corona de su rey
390   verdadero,
después de tanta hazaña
a que no puede bastar
    cuenta cierta,
en la su villa de Ocaña
395 vino la Muerte a llamar
    a su puerta,

[XXXIV]

diciendo: «Buen caballero,
dejad el mundo engañoso
    y su halago:
400 vuestro corazón de acero
muestre su esfuerzo[105] famoso
    en este trago;
y pues de vida y salud
hicisteis tan poca cuenta
405   por la fama,
esfuércese la virtud
para sufrir esta afrenta
    que os llama.

---

[104] «Después de haber puesto en peligro tantas veces su vida.»
[105] *esfuerzo:* ánimo valiente.

[XXXV]

»No se os haga tan amarga
la batalla temerosa
    que esperáis,
pues otra vida más larga
de fama tan gloriosa
    acá dejáis.
    Aunque esta vida de honor
tampoco no es eternal
    ni verdadera,
mas con todo es muy mejor
que la otra temporal,
    perecedera.

[XXXVI]

»El vivir, que es perdurable,
no se gana con estados
    mundanales,
ni con vida deleitable,
en que moran los pecados
    infernales;
    mas los buenos religiosos
gánanlo con oraciones
    y con lloros;
los caballeros famosos
con trabajos y aflicciones
    contra moros.

[XXXVII]

»Y, pues vos, claro varón,
tanta sangre derramasteis
435   de paganos,
esperad el galardón
que en este mundo ganasteis
    por las manos;
y con esta confianza
440 y con la fe tan entera
    que tenéis,
partid con buena esperanza,
que estotra[106] vida tercera
    ganaréis.»

[XXXVIII]

[*Responde don Rodrigo*]

445 «No gastemos tiempo ya
en esta vida mezquina
    por tal modo,
que mi voluntad está
conforme con la divina
450   para todo;
y consiento en mi morir
con voluntad placentera
    clara y pura,
que querer hombre vivir
455 cuando Dios quiere que muera
    es locura.

---

[106] *estotra:* esta otra.

[XXXIX]

[*Dirigiéndose a Cristo*]

»Tú, que por nuestra maldad
tomaste forma servil
    y bajo nombre;
460 Tú, que a tu divinidad
juntaste cosa tan vil
    como el hombre,
Tú, que tan grandes tormentos
sufriste sin resistencia
465   en tu persona,
no por mis merecimientos,
mas por tu sola clemencia
    me perdona[107].»

[XL]

[*Final*]

Así, con tal entender,
470 todos sentidos humanos
    conservados
cercado de su mujer,
y de sus hijos y hermanos
    y criados,
475 dio el alma a quien se la dio,
el cual la ponga en el cielo
    en su gloria,
y aunque la vida perdió,
dejónos harto consuelo
480   su memoria.

---

[107] *me perdona:* perdóname.

V. 5

DANZA GENERAL DE LA MUERTE
LABERINTO DE FORTUNA

LA MUERTE

1   Yo soy la muerte,   que a todas criaturas
que hay y habrá en el mundo   destroza y arrasa.
Hombre, te pregunto: di, ¿por qué procuras
tanto por vida   que en un punto pasa?
La fuerza de un recio   gigante es escasa
y de este mi arco   no puede escapar:
segura es tu muerte   si doy en tirar
con esta mi flecha   crüel que traspasa.

2   ¿Qué locura es ésta   tan manifiesta
que piensas tú, hombre,   que otro morirá
y tú quedarás,   por ser bien dispuesta
tu complexión   y que, así, durará?
No estás en lo cierto: acaso vendrá
sin esperarla   alguna infección
de landre o carbunclo[108]   o alguna hinchazón,
y tu pobre cuerpo   se descompondrá.

3   ¿O piensas, por ser   un mancebo valiente,
o niño de días,   que ausente estaré
y hasta que llegues   a viejo impotente
en mi venida   me retrasaré?

---

[108] *landre, carbunclo:* enfermedades infecciosas.

> Pues date bien cuenta   que yo llegaré
> hasta ti a deshora;   me trae sin cuidado
> que seas mancebo   o viejo cansado:
> tal cual te encontrare,   te me llevaré [...].

8 A la danza mortal   venid los nacidos
todos del mundo,   de cualquier estado.
Los que no quisieren,   con fuerza impelidos[109]
haréles venir   muy pronto al llamado.
Puesto que ya el fraile   os ha predicado
que prisa os deis   en hacer penitencia,
aquél que no quiera   poner diligencia
por mí ya no puede   ser más esperado [...].

EL REY

18 ¡Socorro, socorro,   a mí caballeros!
Yo no querría ir   a tan pobre danza.
Llegaos todos   con los ballesteros,
amparadme todos   a punta de lanza.
Mas ¿qué es lo que veo?   No tengo esperanza:
se acorta mi vida,   se van los sentidos,
mi entraña se queja   con grandes gemidos.
Adiós, mis vasallos,   que Muerte me alcanza.

LA MUERTE

19 Rey fuerte, tirano,   que siempre robasteis
todo vuestro reino   y llenasteis el arca,
de impartir justicia   muy poco cuidasteis,
según es notorio   por vuestra comarca.

---

[109] *impelidos:* empujados.

Venid hacia mí, que yo soy monarca
que a vos prenderá, y aun a otro más alto.
Llegad a la danza, cortés, en un salto [...].

EL CONDESTABLE

26   Yo vi muchas danzas de lindas doncellas,
de damas hermosas de alto linaje;
mas, según parece, no es ésta de aquéllas,
pues el tañedor tiene feo visaje[110].
Venid, camarero, decid a mi paje
que traiga el caballo, que yo quiero huir,
porque ésta es la danza que llaman morir:
si de ella me escapo, merezco homenaje.

LA MUERTE

27   Huir no conviene al que ha de estar quedo.
Bajad, condestable, dejad el caballo.
Entrad en la danza alegre, muy ledo,
sin hacer ruido, pues yo bien me callo.
En verdad os digo que, al cantar el gallo,
habréis adquirido distinta figura:
allí perderéis tan bella apostura.
Venid vos, obispo, a ser mi vasallo.

EL OBISPO

28   Mis manos aprieto, de mis ojos lloro,
¿por qué soy traído a tanta amargura?
Provisto yo estaba de plata y de oro,
de nobles palacios, riquezas y holgura.

---

[110] *visaje:* rostro.

Ahora la muerte   con su mano dura,
me empuja a su danza: terrible festejo.
Parientes, amigos,   ay, dadme consejo
que pueda librarme   de tal desventura.

LA MUERTE

29   Obispo sagrado,   que fuisteis pastor
de tantas ovejas,   por vuestro pecado:
a juicio os llevo   ante el Redentor,
y daréisle cuenta   de vuestro obispado.
Siempre anduvisteis   de gente rodeado
por cortes, palacios,   y no en vuestro oficio;
en vuestra␣pelleja,   haré yo estropicio.
Venid, caballero   que estáis tan armado.

EL CABALLERO

30   A mí me parece   que es disparatado
que deje mis armas   y vaya a danzar
a baile tan negro,   de llanto poblado,
que contra los vivos   quisiste ordenar.
Según tus noticias,   tendré que dejar
mercedes y tierras   que gané del rey.
Ignoro, a la postre,   qué dice tu ley
del duro camino   que habré de tomar.

LA MUERTE

31   Caballero noble,   ardido y ligero,
poned buen semblante,   alegrad la persona.
El tiempo ha pasado   de contar dinero.
Oíd mi canción,   de qué modo se entona.
Os he preparado   muy linda encerrona:
veréis enseguida   cómo ponen el freno
a los de la banda   que roban lo ajeno [...].

EL CURA

48   No quiero exorcismos   ni conjuraciones.
Con mis parroquianos   deseo ir a holgar;
ellos me dan   pollos y lechones,
y muchos regalos   al pie del altar.
Locura sería   mis diezmos dejar
e ir a tu danza   de que no se sale;
mas sé que, al final,   ya nada me vale,
y que es imposible   tu danza evitar.

LA MUERTE

49   Pasado es el tiempo   de yacer al sol
con los feligreses   bebiendo buen vino.
Yo voy a enseñaros   un *re mi fa sol*
que ahora he compuesto   con canto muy fino.
Me place teneros   a vos por vecino,
pues de muchas almas   cuidasteis el gremio.
Según las siguierais,   así será el premio.
Dance el labrador   que viene del molino.

EL LABRADOR

50   Pues ¿cómo se invita   a danzar a un villano
que nunca la mano   apartó de la reja?
Busca, si te place,   a algún cortesano.
Déjame, muerte,   con otro empareja,
pues como tocino,   y a veces oveja,
y es mi oficio   trabajo y afán,
arando las tierras para sembrar pan.
Por tanto no pienso escuchar tu conseja[111].

---

[111] *conseja:* historia, patraña.

LA MUERTE

51 Si vuestro trabajo   fue sin mal arte,
    y no hicisteis surco   en tierras ajenas,
    en la eterna gloria   tendréis buena parte,
    y si fue al contrario,   sufriréis condena.
    Pero, con todo eso,   poned la melena,
    llegaos a mí: yo os unciré[112].
    Lo que a otros hice,   a vos os lo haré [...].

---

[112] *uncir:* sujetar al yugo.

APÉNDICE

TEXTO COMENTADO

Jorge Manrique: Coplas a la muerte de su padre

[XXXIV]

[Habla la Muerte]

... diciendo: «Buen caballero,
dejad el mundo engañoso
y su halago:
400 vuestro corazón de acero
muestre su esfuerzo famoso
en este trago;
y pues de vida y salud
hicisteis tan poca cuenta
405   por la fama,
esfuércese la virtud
para sufrir esta afrenta
que os llama.

[XXXV]

»No se os haga tan amarga
410 la batalla temerosa
que esperáis,
pues otra vida más larga
de fama tan glorïosa
acá dejáis.

415 Aunque esta vida de honor
tampoco no es eternal
ni verdadera,
mas con todo es muy mejor
que la otra temporal
420 perecedera.

[XXXVI]

»El vivir, que es perdurable,
no se gana con estados
mundanales,
ni con vida deleitable,
425 en que moran los pecados
infernales;
mas los buenos religiosos
gánanlo con oraciones
y con lloros;
430 los caballeros famosos
con trabajos y aflicciones
contra moros.

[XXXVII]

»Y, pues vos, claro varón,
tanta sangre derramasteis
435 de paganos,
esperad el galardón
que en este mundo ganasteis
por las manos;
y con esta confianza
440 y con la fe tan entera
que tenéis,
partid con buena esperanza,
que estotra vida tercera
ganaréis.»

El texto seleccionado es el parlamento de la Muerte, uno de los pasajes más significativos de las famosas *Coplas,* sin duda uno de los mejores poemas de toda la literatura española, como lo demuestra su constante popularidad, incluso en los Siglos de Oro, cuando casi toda la poesía medieval había caído en olvido. Las *Coplas* fueron compuestas entre 1476, fecha de la muerte de don Rodrigo, maestre de la Orden de Santiago, y 1479, cuando en acción bélica moriría el propio poeta. Manrique, como hombre de su época, cultivó al mismo tiempo las armas y las letras, y es autor de una estimable producción de poemas cortesanos y cancioneriles; pero su nombre hubiera sido uno más entre los numerosos poetas de la época, de no ser por esta gran composición, que pese a su evidente carácter medieval anticipa ideas más modernas.

El fragmento elegido se encuentra casi al final de las *Coplas,* dentro de la tercera de las partes en las que se suele dividir el poema. En la primera (coplas 1-14) se hace un vigoroso rechazo de la caducidad del mundo. La segunda parte (coplas 15-24) insiste en lo mismo aplicando el tópico del *ubi sunt?*

La tercera y última parte (coplas 25-40) pretende la exaltación de don Rodrigo Manrique, su padre. En las ocho primeras coplas (25-32) se elogian las virtudes del difunto comparándolas tópicamente con las de personajes antiguos y se insiste en que todos los honores y tierras que posee los ha logrado por su propio esfuerzo, idea bastante moderna, puesto que en la Edad Media se valoraba más el honor heredado por la sangre.

Pero la sección más importante del poema probablemente sean las estrofas finales (33-40), entre las que se incluyen las aquí seleccionadas. Aparentemente, nos hallamos ante otro tópico, el de la visita de la muerte, según se anuncia al final de la copla 33, pero Manrique demuestra esa mezcla de tradición y originalidad con la que le definía Pedro Salinas. A diferencia de lo que marcaba la tradición, la muerte no se aparece al maestre de manera teatral y arrogante, pidiéndole cuentas de su actuación en vida (compárese con V. 5), sino que se dirige a él con todo respeto.

En la estrofa 34 le anima a superar el trago con su acostumbrado valor, en la 35 le consuela hablándole de la fama que ha logrado, en la 36 le explica cuál es el adecuado modo de vida de religiosos y caballeros para ganar la salvación, y en la 37 confirma que él se ha hecho acreedor por sus obras de la vida eterna. Las tres últimas estrofas de las *Coplas* recogen la resignada y digna respuesta de don Rodrigo (estrofa 38), su petición de clemencia a Cristo (39) y su sereno fallecimiento (40), que también contrastan con los grotescos intentos tópicos de los personajes por evitar la muerte (compárese de nuevo con V. 5).

Dos son las ideas principales que destacan en este fragmento. En primer lugar, siguiendo una tendencia general a la humanización de todo el poema, Manrique presenta una muerte de rostro humano, que se muestra cortés y amigable. Si en la segunda parte se prefería evocar, al hilo del tópico del *ubi sunt,* figuras muertas del pasado reciente en vez de los tradicionales personajes de la antigüedad, era precisamente para hacerlas más cercanas, para que el lector adquiriera con más facilidad un vínculo de simpatía con los muertos que le hiciera más sentida la comprensión de las ideas que expone el poeta. El retrato humano de la muerte pretende lo mismo: la aceptación serena de la caducidad de todos los hombres, para lo que la actitud de don Rodrigo puede servir de ejemplo.

Manrique se sitúa, pues, en la tradición medieval de las obras del *ars moriendi* (arte de morir), que pretendían mentalizar al público sobre la inevitabilidad del fallecimiento y ayudar a preparar el espíritu para ello. Sin embargo, a diferencia de los sermones o la *Danza de la muerte,* que prefieren asustar a los creyentes, Manrique aspira a cautivar sus sentimientos a la vez que su razón, para hacerles reflexionar sobre la necesidad de una vida y una muerte dignas.

En efecto, no sólo es la muerte la preocupación del poeta, sino también la vida, con lo que entramos en la segunda de las ideas mencionadas. En las estrofas 35 y 36 se distinguen tres tipos de vida: dos de ellos se enmarcan a la perfección en la tradición medieval, la vida común, perecedera y desdeñable, y la vida eterna, la que realmente importa. Sin embargo, y ésta es la novedad, hay una tercera forma de vida, a medio camino entre las otras dos, la vida de la Fama, que garantiza a los hombres de honor el recuerdo tras su muerte y que además sirve de consuelo a los que aquí quedan. Es como una forma de inmortalidad menor, que Manrique en ningún momento iguala a la religiosa, pero cuya valoración, frente al desprecio tópico medieval por todo lo de este mundo, nos indica que las ideas renacentistas están empezando a abrirse paso.

Según la Muerte, basta con cumplir con el deber de la propia clase social para hacernos acreedores tanto de la fama como de la salvación (estrofa 36). Obsérvese que la actitud de la Muerte puede pecar de clasista, puesto que menciona a los clérigos y a los caballeros, pero nada dice de los campesinos. En todo caso, el Maestre puede sentirse tranquilo, porque su actividad guerrera le garantiza una justa recompensa en la otra vida (estrofa 37).

Deteniéndonos ahora en los rasgos estilísticos del texto, podemos comprobar cómo Manrique se aleja de la retórica y complicación dominante en la poesía de su época (recordemos los fragmentos que hemos leído de Mena o Santillana), y opta por un lenguaje discursivo, sobrio y grave, de léxico sencillo, que se basa en frases sentenciosas, exhortaciones (todo el discurso de la Muerte es, en realidad, una apelación a don Rodrigo) y paralelismos (véase el establecido entre clérigos y caballeros en la estrofa 36), así como en contraposiciones (vida terrenal-vida eterna).

No quiere decir ello que el fragmento carezca de otros recursos literarios, pero éstos se introducen de manera natural en el discurso, sin llamar la atención. Así, por ejemplo, hay una serie de metáforas cuya misión es servir de eufemismos a la muerte: *trago* (verso 402), *afrenta* (verso 407), *batalla* (verso 410), *partida* (verso 442); por otro lado, el corazón del caballero es, como es lógico, *de acero* (verso 400).

Se aprecia por el tono grave que nos hallamos ante una composición de intención elegíaca, es decir, de lamentación por la muerte de alguien; pero no se trata en ningún caso de un desahogo espontáneo, sino de una profunda reflexión sobre el sentido de la vida y la muerte.

Precisamente esa contención en la expresión de sus sentimientos, así como la modernidad de su planteamiento y estilo poéticos (no es habitual una sinceridad semejante en la poesía medieval), son las que hacen de las *Coplas* de Manrique un poema universal, que trasciende a su tiempo para convertirse en una manifestación intemporal de la preocupación humana por el discurrir y el sentido de la vida a través de la «palabra en el tiempo», como dijo otro gran poeta, Antonio Machado, comentando precisamente las *Coplas*.

PROPUESTAS DE COMENTARIO

Texto 1

ROMANCE DEL PRISIONERO
(versión breve)

> Por el mes era de mayo,
> cuando hace la calor,
> cuando canta la calandria
> y responde el ruiseñor,
> cuando los enamorados
> van a servir al amor,
> sino yo triste, cuitado,
> que vivo en esta prisión,
> que ni sé cuándo es de día,
> ni cuándo las noches son,
> sino por una avecilla
> que me cantaba al albor:
> matómela un ballestero;
> ¡déle Dios mal galardón!

1. Localización

— ¿En qué otros poemas de la antología aparece el motivo de la primavera o el jardín florido?

— ¿Cuáles otros textos reflejan también motivos como la guerra o la cárcel?

— ¿A qué otros temas se asocia en la poesía popular el motivo del alba o amanecer?

2. Estructura, técnica y estilo

— ¿Qué versión te parece de mayor fuerza poética, ésta más breve o la más extensa?

— ¿Qué importancia tienen el paralelismo y la repetición en la estructura del poema?

— ¿Qué tono predomina en el poema: el lírico o el narrativo?

3. Comprensión

— ¿Qué importancia adquiere en el texto la primera persona?

— ¿Por qué da tanta importancia el prisionero al saber distinguir el día de la noche?

— ¿Cuál es la función del diminutivo del verso 6?

4. Conclusión y valoración personal

— ¿Logra transmitir el poema el sentimiento de angustia de cualquier prisionero?

Texto 2

MILAGRO IX
El clérigo ignorante

220 Érase un simple clérigo   que instrucción no tenía,
la misa de la Virgen   todos los días decía;
no sabía decir otra,   decía ésta cada día:
más la sabía por uso   que por sabiduría [...].

222 El obispo fue dura-   mente movido a saña;
decía: «De un sacerdote   nunca oí tal hazaña.»
Dijo: «Decid al hijo   de la mala putaña
que ante mí se presente,   no se excuse con maña.»

223 Ante el obispo vino   el preste pecador;
    había con el gran miedo   perdido su color;
    no podía, de vergüenza,   catar a su señor:
    nunca pasó el mezquino   por tan duro sudor.

224 El obispo le dijo: «Preste, di la verdad,
    dime si como dicen   es tal tu necedad.»
    El buen hombre le dijo: «Señor, por caridad,
    si dijese que no,   diría falsedad.»

225 El obispo le dijo: «Ya que no tienes ciencia
    de cantar otras misas,   ni sentido o potencia,
    te prohibo que cantes,   y te doy por sentencia:
    por el medio que puedas   busca tu subsistencia.»

226 El clérigo salió triste   y desconsolado;
    tenía gran vergüenza   y daño muy granado.
    Volvióse a la Gloriosa   lloroso y aquejado,
    que le diese consejo,   porque estaba aterrado.

227 La Madre piadosa   que nunca le falló
    a quien de corazón   a sus plantas cayó,
    el ruego de su clérigo   luego se lo escuchó,
    sin ninguna tardanza   luego lo socorrió.

228 La Virgen Gloriosa,   que es Madre sin dicción,
    apareció al obispo   en seguida en visión;
    díjole fuertes dichos,   en un bravo sermón,
    y descubrióle en él   todo su corazón.

229 Díjole enfurecida: «Don obispo lozano,
    contra mí, ¿por qué fuiste   tan fuerte y tan villano?
    Yo nunca te quité   por el valor de un grano,
    y tú a mi capellán   me sacas de la mano.

230 Porque a mí me cantaba   la misa cada día
    pensaste que caía   en yerro de herejía,
    lo tuviste por bestia   y cabeza vacía,
    quitástele la orden   de la capellanía.

231 Si tú no le mandares   decir la misa mía
 como solía decirla,   gran enfado tendría,
 y tú estarás muerto   en el treinteno día:
 ¡ya verás lo que vale   la saña de María!»

(Gonzalo de Berceo)

1. Localización

— El tema de la instrucción y formación es frecuente en otras obras de clerecía. ¿En cuáles?

2. Referencias culturales

— ¿Cómo refleja el poema las relaciones entre clases sociales en la Edad Media?

— ¿Por qué crees que el motivo de la intervención milagrosa de la divinidad es tan frecuente en las obras medievales?

3. Estructura, técnica y estilo

— ¿Qué función puede tener el lenguaje coloquial, sin omisión de palabras malsonantes, que utilizan los personajes?

— ¿Qué importancia tienen los numerosos diálogos del milagro?

— ¿En qué se advierte la sencillez del estilo de Berceo?

4. Comprensión

— Esta Virgen María furiosa, ¿te parece que corresponde con su imagen religiosa habitual?

— ¿Qué función tiene la intervención en primera persona del autor en los versos finales?

— ¿No te parece que en realidad falta verdadero diálogo y comprensión de las razones ajenas entre los personajes?

5. Conclusión y valoración personal

— ¿Cómo crees que reaccionarían los oyentes más humildes ante esta historia?

Texto 3

¡AY, JERUSALÉN

76 ¡Cuánta gran batalla   fuera en aquel día!
   Con los caballeros   es la clerecía,
   por tomar pasión
   por la defensión
80 de Jerusalén.

   Revenden cristianos   muy cara su sangre:
   por muerte de uno   cien moros van delante.
   Tantos más serían,
   vence morería
85 en Jerusalén.

   Sacerdotes y frailes   en cadenas presos;
   tienen a los abades   en cepos de maderos.
   Afán y amargura
   les parece holgura
90 en Jerusalén.

   Tienen las doncellas   que eran delicadas
   en cadenas presas   y muy atormentadas.
   Afán y quebranto,
   hacían grande llanto
95 en Jerusalén.

> Ven los cristianos   a sus hijos asar,
> ven a sus mujeres   vivas destetar;
> vánse por los campos,
> cortos pies y manos,
> 100   en Jerusalén.
>
> De las vestimentas   hacían cubiertas;
> del Sepulcro Santo   hacían establo;
> de las cruces santas
> hacían estacas
> 105   en Jerusalén.
>
> Quién este canto   no quiere oír,
> no tiene ganas   de a Dios servir
> ni ayudar un tanto
> al Concilio santo
> 110   de Jerusalén.

1. Localización

— ¿En qué lugar y qué epoca se sitúa la acción?

2. Referencias culturales

— Como en otras ocasiones, en las alusiones a los grupos sociales medievales (verso 77) se omite el campesinado. ¿A qué crees que es debido?

— ¿Qué consecuencias trajeron las cruzadas para el Occidente medieval europeo?

— ¿Por qué la ciudad de Jerusalén ha sido siempre objeto de disputa entre pueblos de distintas religiones?

3. Estructura, técnica y estilo

— ¿Qué tono se logra con la reiteración del estribillo al final de cada estrofa?

— ¿Qué efectos crees que se pretenden conseguir con la cruda descripción de la represión de los vencedores?

— ¿A qué puede obedecer la combinación de versos cortos y largos?

4. Comprensión

— ¿Por qué a los vencidos les llega a parecer agradable la derrota?

— ¿Crees que puede tener algún sentido simbólico la masacre de familias de los versos 96-100?

— ¿A qué objetos se refiere el texto en los versos 101-105?

5. Conclusión y valoración personal

— ¿Crees que el texto se adapta bien a su propósito de lograr adhesiones a las Cruzadas?

TEMAS PARA EL DEBATE

A lo largo de la lectura, tanto de la introducción como de los textos, se habrán podido ir apreciando algunos de los rasgos característicos de la visión del mundo que se tenía en la Edad Media. Por sí mismos, o por contraste con nuestra moderna forma de entender la vida, muchos de ellos nos pueden servir de punto de partida para algunas reflexiones y debates.

La cultura y la propia sociedad de la España medieval fueron el resultado de un profundo mestizaje de razas y culturas. Sin embargo, muchas veces la convivencia no resultó fácil: las luchas entre árabes y cristianos, así como las represiones de judíos o moriscos, fueron frecuentes. Hoy en día se habla mucho de los peligros y ventajas de la Unión Europea, por ejemplo, o de las posibles consecuencias de la masiva emigración extraeuropea a nuestro continente; considerando el ejemplo de la Edad Media, ¿qué opinas tú de las posibles consecuencias de todo ello?

El hombre medieval era fundamentalmente campesino, acostumbrado además a contemplar la naturaleza con ojos distintos a los nuestros, considerándola una parte, como él mismo, de un conjunto que no le pertenecía. A partir de la idea renacentista del hombre como centro del universo, sin embargo, éste se ha considerado con derecho a actuar como el rey de la creación, subordinando el mundo natural a su voluntad. ¿Crees que los actuales movimientos ecologistas pueden relacionarse en cierta forma con una actitud cercana a la medieval? ¿Qué representarían entonces, un avance o un retroceso?

El doctor Marañón decía que quien pensara que cualquier tiempo pasado fue mejor (como sostiene J. Manrique) no se imaginaba lo que suponía un simple dolor de muelas en la Edad Media. Pese a las enormes dificultades que, en efecto, la existencia conllevaba en aquel entonces, en la poesía medieval se trasluce una enorme alegría de vivir, quizá mayor que la de nuestros días, pese a todas nuestras mejoras. ¿Se puede o no, pues, hablar de un progreso del ser humano, o más bien hay que relativizar tales conceptos?

En la Edad Media se oscilaba, en la consideración de la mujer, entre quienes la situaban al nivel de los animales (y discutían que tuviera alma) y la doctrina del amor cortés, que la idealizaba por encima de todo. ¿Podemos suponer que esta segunda consideración positiva era una manera de ocultar la realidad de la primera? ¿Es posible establecer un paralelismo con la actualidad, cuando, pese a las luchas feministas, la mujer continúa estando en gran medida discriminada?

La sociedad medieval, aunque pretendió justificar como voluntad divina el sometimiento de unos grupos sociales a otros, no se vio libre de rebeliones ni naturalmente de una abundante poesía satírica. Hoy en día, la sociedad pretende haber conseguido la igualdad entre todos, pero ¿crees que lo ha conseguido realmente?

Lo maravilloso y lo fantástico son componentes fundamentales del espíritu medieval. ¿Te parece que con el triunfo del racionalismo en la época moderna los seres humanos de hoy siguen sintiendo la necesidad de tales elementos?, ¿o se trata de una actitud superada?

Pese a su analfabetismo casi universal, la Edad Media mostró siempre un respeto más o menos supersticioso hacia la cultura. No en vano, uno de los grupos dominantes era el de los clérigos. Curiosamente, en la actualidad, cuando el acceso general a la formación, al menos básica, está totalmente logrado en los países avanzados, quizá la cultura tenga mucho menos prestigio social. ¿Estás de acuerdo? ¿Qué opinas al respecto? ¿A qué se puede deber?

APÉNDICE

LECTURAS COMPLEMENTARIAS

Poesía griega en boca de mujer.

Antología de la poesía lírica griega, traducción de C. García Gual, Madrid, Alianza, 1980.

Ya hemos visto cómo eran comunes a jarchas, villancicos y cantigas gallegas ciertas composiciones puestas en boca de mujer. Se trata de una antiquísima tradición de la poesía popular de todos los tiempos, como lo demuestra el hecho de que ya en la poesía clásica griega de muchos siglos antes se encuentren temas parecidos. En realidad, se conservan muy pocas poesías propiamente populares, como, por ejemplo, una canción de alba del siglo IV a. C. (n.° 1; compárese con II. 2. 9), pero muchos autores cultos también en época medieval, las recogieron o imitaron. Aquí presentamos cuatro breves composiciones de la gran poetisa griega Safo, que vivió a principios del siglo VI a. C., y cuyos temas recuerdan inmediatamente a varias poesías de la sección II: los lamentos por el abandono nocturno del texto n.° 2 (véanse II. 1. 4 y II. 2. 19-20), las confidencias con la madre en el 3 (véanse II. 2. 19-20), las alabanzas a la primavera del n.° 4 (véanse II. 2. 6, 24) y el diálogo con el amado del 5 (véanse II. 1. 5 y II. 2. 10, 27).

1. ¿Qué te pasa? No nos delates, te lo ruego.
   Levántate antes de que él llegue, no nos cause
   una enorme desgracia a ti y a mí, pobrecilla.
   Ya es de día. ¿La luz no ves en la ventana?

   (Anónimo)

2.   Ya se ocultó la luna;
           y las Pléyades[1]. Promedia
           la noche. Pasa la hora.
           Y yo duermo sola.

   Safo de Mitilene

3. Dulce madre mía, no puedo ya tejer mi tela,
   consumida de amor por un joven, vencida por
                         [la suave Afrodita.

   Safo de Mitilene

4. Heraldo de la primavera, ruiseñor
                         [de voz seductora.

   Safo de Mitilene

5. ¿A qué, querido novio, voy a compararte?
   A un flexible tallo muy bien te comparo.

   Safo de Mitilene

La otra poesía medieval.

Junto a la poesía en lengua vernácula, en la Península se desarrolló una notable producción en otras lenguas. La poesía árabe alcanzó, en el marco de la refinada civilización andalusí, gran altura. Obsérvese en n.º 1 la sensualidad de las metáforas que describen una noche de amor de una pareja, al aire libre, acompañada

---

[1] *Pléyades:* nombre de un grupo de estrellas de la constelación de Tauro.

de un copero dormido. La poesía latina, al igual que en el resto de Europa, aunque centrada en asuntos religiosos y eruditos, no desdeñó la temática amorosa, de lo que es buena prueba el n.º 2, escrito en el monasterio de Ripoll, en el que abundan alusiones a dioses y personajes latinos; no en vano su autor era clérigo. Por último, el texto n.º 3 es un ejemplo de la poesía trovadoresca, tan influyente en toda Europa y responsable de la difusión de la doctrina del amor cortés. A su autor, Jaufré Rudel, se le atribuye un motivo típico de este amor, el enamoramiento de oídas de una dama a la que nunca había visto, motivo que también aparece en la *Razón de Amor* (véase IV. 1).

1. Ben Hani (Siglo X), «Qasida de las estrellas» (comienzo), Trad. de E. García Gómez, *Poemas arábigo-andaluces* (1930), Madrid, Espasa-Calpe, 1982; Col. Austral, n.º 162.

¡Qué bella aquella noche! Desde que nos envió deprisa a su mensajero, la pasamos contemplando a los Gemelos del Zodíaco en sus orejas, como pendientes.

Y la pasó también con nosotros un copero que se rebelaba contra la oscuridad con su rostro: candela de aurora, a la que no hay que despabilar y que no se apaga.

Había en su voz un dejo nasal como el runrún de la gacela; era fragante; la molicie hacía ligero su talle, mientras el licor hacía pesados sus párpados, de abundantes pestañas.

El temblor del vino no le dejó mano; ni la vejación del curvarse para llenar los vasos, cintura.

Diríase que sus caderas eran un montón de arena sobre el que se cimbreaba la caña del talle: ¿Es que no conocéis la caña y el montón de arena?

Nuestros lechos sirvieron de vestido para nuestro vino, y, para cubrirnos, la tiniebla rasgó sábanas de su piel.

De corazón a corazón se acercaba el amor; de labio a labio volaba el beso.

Mas, por tu vida, despierta de nuevo al vaso y a los párpados del copero; que de nuevo está despierto el porrón después de lo que dormitó.

La tiniebla ha comenzado a desanudar sus trabas, y el ejército de la noche se apresta y se alinea para dar la batalla a la aurora.

Los luceros huyen para dejar paso a las Pléyades, que son como sortijas que brillan en los dedos de una mano escondida.

2. Anónimo (siglo XII), «Alabanzas de la amiga», trad. de R. Arias y Arias, en *La poesía de los goliardos,* Madrid, Gredos, 1970.

1 Estrella clara de las doncellas, esplendor y flor de todo, rosa primaveral, más noble que el lirio.

2 Tu belleza extraordinaria me ha puesto en confusión; tu sonrisa y tu mirada me han hecho esclavo de Venus.

3 Por ti me someto gustoso al imperio de la diosa Citerea, y mi corazón sufre las flechas de su hijo alado.

4 Lo mismo que arde el fuego en la leña seca, así hierve y se abrasa mi mente por ti, diosa.

5 Dime, ¿quién puede ser tan inflexible, tan puro o tan sin culpa que no se doblegue al admirar tus dotes?

6 Si viviese Catón, que supo ser tan firme con la ayuda de Dios, sería cautivado por tu amor y te serviría fervorosamente.

7 La misma Venus desearía para sí tu cabellera, si la viese; y se lamentaría porque es más bella que la suya.

8 Tu frente y tu garganta no tienen tacha, y tu rostro es angelical; los hombres te aclaman por criatura celestial más que terrena.

9 Tus dientes son brillantes, y tus labios muy hermosos, y si mi boca alguna vez los toca, en ellos percibe el dulzor de la miel.

10 Tus pechos son de forma diminuta y apenas abultan, pero son más blancos que la cándida nieve.

11 Así te adornan tus manos, tu vientre recogido y tu grácil estatura, y te embellecen haciéndote muy deseable.

12 Resaltan tus piernas, pero ¿para qué encarecerte más? Superas a las diosas celestes y terrestres en hermosura y nobleza.

13 Por eso, piadosa doncella, nadie se admire si Venus ha herido mi mente a causa tuya.

14 Te ruego, esplendor del mundo, que en mi pecho seas causa de amor más bien que de dolor.

3. Jaufré Raudel (siglo XII), «Cuando el río de la fuente», trad. de C. Alvar, en *Poesía de Trovadores, Trouvères y Minnesinger*, Madrid, Alianza, 1982.

1 Cuando el río de la fuente
se hace más claro, como suele,
y aparece la flor del espino,
y el ruiseñor en la rama
repite, modula y suaviza
su dulce cantar y lo afina,
es justo que yo module el mío.

2 Amor de tierra lejana,
 por vos todo el corazón me duele
 y no puedo encontrar remedio
 si no oigo vuestro reclamo
 con promesa de dulce amor
 en jardín o bajo cortina
 con la deseada compañía.

3 Pues nunca tuve la ocasión,
 no me extraña si ardo
 porque nunca existió más gentil
 cristiana, ni Dios quiso que existiera,
 ni judía, ni sarracena;
 ¡bien nutrido está de maná
 quien consigue algo de su amor!

4 Mi corazón no cesa de desear
 a aquélla a quien yo más amo;
 creo que la voluntad me engaña
 si codicia me la quita;
 que es más punzante que espina
 el dolor que con gozo sana;
 por eso no quiero que nadie me llore [...].

Un fragmento de la *Divina comedia*.

Dante Alighieri, «Infierno», Canto V, en *Divina comedia*. Traducción de Ángel Crespo, Barcelona, Seix Barral, 1985.

La obra maestra de este gran poeta toscano del siglo XIII, una de las cimas de la literatura medieval europea, tuvo un notable influjo en el siglo XV español, dando lugar a todo un subgénero dentro de los decires de arte mayor: la poesía alegórico-dantesca (véase V. 2. 2 y V. 3). Recogemos parte de uno de los episodios más conmovedores y famosos del libro: Dante, que está recorriendo el infierno en compañía de Virgilio, charla con una pareja de almas condenadas que son arrastradas juntas por un vendaval. Se trata de Paolo y Francesca, culpables de adulterio, que narran con nostalgia cómo, mientras leían la historia de los amores adúlteros de Lanzarote —uno de los caballeros de la tabla redonda— con Ginebra, —la esposa de su rey Arturo—, se dejaron arrastrar ellos mismos a la pasión. Dante, conmovido, se desmaya tras escucharles.

73   Yo comencé: «Poeta, con sinceros
     deseos a esos dos hablar quisiera
75 que parecen al viento tan ligeros.»
     Y él: «A que estén más próximos espera
     y, en nombre del amor que así los guía,
78 llámalos, que vendrán a nuestra vera.»
     Cuando el viento ya cerca los traía,
     moví la voz: «¡Oh almas afanadas,
81 venid a hablarnos, si otro no os desvía!»
     Como palomas del deseo llamadas
     que, alta el ala y parada, al dulce nido

84 caer se dejan por amor llevadas,
 así salieron del tropel de Dido[2]
 y a nuestro lado fueron descendiendo;
87 tan fuerte el grito amable había sido [...].
100 «Amor, que en nobles corazones prende,
 a éste obligó a que amase a la persona
102 que perdí de manera que aún me ofende.
 Amor, que a nadie amado amar perdona,
 por él infundió en mí placer tan fuerte
105 que, como ves, ya nunca me abandona.
 Amor nos procuró la misma muerte:
 Caína[3] al matador está esperando.»
108 Ambos me respondieron de esta suerte [...].
115 A ellas después encaminé mi acento
 y comencé: «Francesca, tus torturas
117 me hacen llorar con triste sentimiento.
 Mas di: en el tiempo aquel de las venturas
 ¿cómo y por qué te concedió el amor
120 conocer las pasiones aún oscuras?»
 Y ella me dijo: «No hay dolor mayor
 que recordar el tiempo de la dicha
123 en desgracia; y lo sabe tu doctor.
 Pero si de este amor y esta desdicha
 conocer quieres la raíz primera,
126 con palabras y llanto será dicha.
 Cómo herido de amor Lancelot fuera,
 por deleite, leíamos un día:
129 soledad sin sospechas la nuestra era.
 Palidecimos, y nos suspendía
 nuestra lectura, a veces, la mirada;
132 y un pasaje, por fin, nos vencería.
 Al leer que la risa deseada

---

[2] *Dido:* Reina de Cartago, se suicidó por haber sido rechazada por Eneas, por lo que está aquí condenada, en la sección del Infierno reservada a los lujuriosos.

[3] *Caína:* zona del infierno dantesco donde residen los asesinos de consanguíneos.

besada fue por el fogoso amante,
135 éste, de quien jamás seré apartada,
la boca me besó todo anhelante.
Galeoto⁴ fue el libro y quien lo hiciera:
138 no leímos ya más desde ese instante.»
Mientras un alma hablaba, la otra era
presa del llanto; entonces, apiadado,
141 lo mismo me sentí que si muriera;
y caí como cuerpo inanimado.

Los clásicos medievales vistos por Azorín.

José Martínez Ruiz, «Azorín», «Al margen de los clásicos», en *Obras selectas,* Madrid, Biblioteca Nueva, 1943.

A partir del Renacimiento, la mayor parte de la poesía medieval, con alguna excepción, como el romancero o Manrique, quedó en el olvido. Sólo en el siglo XVIII y sobre todo en el XIX comenzaría su recuperación, culminada en nuestro siglo. Pero si diversos eruditos, y sobre todos ellos Menéndez Pidal, se encargaron de la recuperación y estudio de los manuscritos, la primera lectura literaria de los poetas primitivos, como él los llamaba, se la debemos a Azorín. Hemos seleccionado los párrafos que el escritor de la generación del 98 dedica a Berceo y a Juan Ruiz, con los que nos enseña a contemplarlos con ojos modernos.

GONZALO DE BERCEO

Desde la ventanilla de la celda se ve el paisaje fino y elegante. Se ven unos prados verdes, aterciopelados,

---

⁴ *Galeoto:* vale aquí por el inductor al pecado.

un riachuelo que se desliza lento y claro, y un grupo de álamos que se espejean en las aguas límpidas del arroyo. Dentro, en la celdita blanca, un monje escribe versos. Ahora se halla pintando un paisaje. Este paisaje es *verde e bien sencido;* está de *flores bien poblado;* las flores exhalan su fragancia; *claras fuentes* manan de las peñas: *en verano, bien frías; en invierno, calientes.* Hay en la campiña, destacando sobre el cielo azul, rotundidades de arboledas; acá y allá, como fugitivos de los macizos de árboles recios y seculares, como temerosos de ellos, aparecen, delicados y sensitivos, los granados y las higueras: los granados, con su tronco retorcido y su encendidas florecitas, y las higueras, tan medrosas al frío y tan gustadoras de la humedad; los granados erguidos en lo alto de una loma, como atalayando curiosamente el horizonte; las higueras, replegadas, encogidas con su tupido follaje, en el fondo húmedo de una cañada. Otros muchos frutales se descubren en las huertas y repajos. De la campiña —singularmente en la hora del crepúsculo vespertino— asciende hasta la celdita de este monje un suave, gratísimo aroma. ¡Qué bien se está aquí! Y ¡qué agradable es, después que se ha escrito un gran rato, paladear, frente a este paisaje, *un vaso de buen vino,* del vino claro, ligero y oloroso de estas campiñas!

JUAN RUIZ

Querido Juan Ruiz: sosiega un poco; siéntate; las gradas de este humilladero[5], aquí fuera de la ciudad, pueden servirnos de asiento durante un momento. Has corrido mucho por campos y ciudades y todavía no te sientes cansado. Tu vida es tumultuosa y agita-

---

[5] *humilladero:* cruz que suele levantarse a las salidas o entradas de los pueblos, para caminantes devotos que quieran rezar una oración.

da; quien te vea por primera vez sin conocerte, dirá sin equivocarse cómo eres, cuál es tu espíritu, lo que deseas y lo que amas. Tienes la cara carnosa y encendida; en la grosura de la faz aparecen tus ojos chiquitos, como dos granos de mostaza. La nariz, recia, una nariz sensual, avanza como para olfatear olores de yantar o de mujer. Tu pestorejo[6] revela obstinación y fuerza. Y ¿dónde dejamos los labios? Tus labios, Juan Ruiz, son el complemento de esa nariz recia y sensual: son unos labios gordos, colorados, que parecen estar gustando a toda hora mil gratísimos gustores. Has corrido mucho por la vida y todavía te queda que correr otro tanto. Descansa un momento aquí, en la serenidad de la tarde. Allá en lo alto se yergue la ciudad —Segovia—; de esta ciudad tú has dicho que has estado en ella y que en ella no has hallado pozo dulce ni fuente perennal: *non fallé pozo dulce ni fuente perennal*. ¿Qué querías decir con esto? ¿Es simbólico lo que has dicho? ¿Querías tú expresar la tristeza que sientes al no encontrar en la vida un poco de reposo y de olvido? Pero el reposo y el olvido no son para ti; tú necesitas la animación, el ruido, el tumulto, el color, las sensaciones enérgicas, los placeres fuertes; tú necesitas ir a las ferias, estar en compañía de los estudiantes disipadores, tratar a las cantarinas y danzaderas; tú necesitas exaltarte, enardecerte con las músicas, los cantos amatorios, las alegres comilonas. El silencio, la paz, el recogimiento íntimo, la emoción delicada y tierna no son para ti. Tú no aspiras a eso tampoco. ¡Ya ves! Ahora, en estos momentos dulces y melancólicos de la tarde que muere, frente a la ciudad, en el sosiego de la campiña, tus ojos no recogen toda esta poesía delicada y profunda; tus ojos —¡oh querido Juan Ruiz!— van hacia aquel caserón, que se columbra allá

---

[6] *pestorejo*: parte posterior del cuello, donde se une la espalda y el cuello.

arriba; hacia aquel caserón, adonde tú dirigirás tus pasos esta noche, y en que tú sabes que hay unas lindas mujeres que cantan y danzan maravillosamente.

La poesía medieval en nuestro siglo.

Gracias a Azorín los lectores del siglo XX aprendieron a leer a sus clásicos medievales. Muchos han sido los escritores contemporáneos que han reflejado en algunas de sus obras huellas de tales lecturas. No se puede dejar de citar el poema *Castilla* de Manuel Machado, inspirado por el episodio de la niña del *Poema de Mío Cid* (I), ni «Villancico y Pasión», un conmovedor relato de Alejandro Casona incluido en su *Flor de leyendas* e inspirado por el *Libro de la infancia y muerte de Jesús* (IV. 3). Hemos seleccionado, sin embargo, sendos poemas de dos destacados miembros de la generación del 27, que revelan cómo este grupo no sólo se dejó influir por Góngora, sino también por la más genuina lírica tradicional.

CANCIONCILLA SEVILLANA

Amanecía
en el naranjel.
Abejitas de oro
buscaban la miel.

5 ¿Dónde estará
la miel?

Está en la flor azul,
Isabel.
En la flor,
10 del romero aquel.

> (Sillita de oro
> para el moro.
> Silla de oropel[7]
> para su mujer.)

15 Amanecía
en el naranjel.

>> F. García Lorca
>> *Canciones,* 1924.

MI CORZA

Mi corza, buen amigo,
mi corza blanca.

Los lobos la mataron
al pie del agua.

5 Los lobos, buen amigo,
que huyeron por el río.

Los lobos la mataron
dentro del agua.

>> Rafael Alberti
>> *Marinero en tierra,* 1924.

---

[7] *oropel:* adorno que imita el oro con ostentación.

GLOSARIO

aína: fácilmente, rápidamente.
al: otro/a, otra cosa.
allende: lejos, en otra parte o lado.
alteza: altura.
aquesto: forma antigua de «esto».
avenencia: acuerdo.
beldad: belleza, hermosura.
bermejo: rojo, colorado.
brial: túnica.
carrera: camino.
catar: mirar.
caudal: importante, mayor, principal.
celadas: trampas, emboscadas.
compaña: compañía.
cuidado: preocupación.
cuita: pena, dolor.
curar de: preocuparse de.
de grado: con gusto, de buena gana.
demandar: reclamar, pedir explicaciones.
desque: cuando, en cuanto.
desastrado: desgraciado.
diezmos: un tipo de impuesto, que se pagaba también a la Iglesia.
do: forma antigua de «donde».
donosa: graciosa, mona.
escarnecido: burlado, ofendido.
escarnio: burla.
folgar u *holgar:* divertirse, disfrutar, estar ocioso.

folgado: contento, feliz.
Gloriosa: así se nombraba a menudo a la Virgen María en la Edad Media.
granado: grande
haber: este auxiliar significa «tener» si no va con ningún otro verbo.
haberes: posesiones, riquezas.
halaguero: halagador, agradable.
hijodalgo o *hijos de algo:* hidalgos, nobles.
ledo: alegre.
loar: alabar.
lozano(a): orgulloso, soberbio; hermoso.
membrar: recordar.
mesnadas: conjunto de vasallos de un noble guerrero.
mesura: cortesía, serenidad, equilibrio; se puede utilizar como exclamación de asombro: ¡por mesura!
nos: nosotros
nuevas: noticias.
pagado: satisfecho.
palma: palmera.
primicias: una forma de impuesto.
punto: instante, momento.
quedo: quieto
razón: discurso, frase, relato
Sión: una de las colinas de Jerusalén.
solaz: consuelo, placer, diversión.
soldada: paga o sueldo que recibe el soldado.
tristura: tristeza, desgracia.
vegada: vez.
yacer: dormir, estar echado.
yantar: comer.